Capacités numériques en
PHYSIQUE-CHIMIE

Capacités numériques en
PHYSIQUE-CHIMIE

Cécile Canu

ellipses

Du même auteur chez le même éditeur

Informatique Pour Tous - Programmation Python, langage SQL - CPGE scientifiques - Fiches-méthodes et exercices corrigés, collection *Que faire ?*, 408 pages, 2018.

Spécialité NSI - Première - 2e édition, collection *Compétences attendues*, 324 pages, 2021.

Remerciements particuliers à M. Cayssiols (enseignant en CPGE PT au lycée Langevin Wallon) pour ses lectures précises.

ISBN 9782340-057418
©Ellipses Édition Marketing S.A., 2021
8/10 rue la Quintinie 75015 Paris

www.editions-ellipses.fr

Avant-propos

D'après le programme officiel, l'introduction de capacités numériques prend en compte la place nouvelle des sciences numériques dans la formation des scientifiques notamment dans le domaine de la simulation.

Les trois premiers chapitres de cet ouvrage sont généraux et rappellent la syntaxe, les tracés de graphiques et les méthodes numériques. Les chapitres suivants sont classés par grands thèmes et traitent une à une les capacités numériques des programmes de la classe de seconde à la CPGE première année (classes de MPSI, MPII, PCSI, PTSI, BCPST1).

Pour chaque capacité numérique développée, on rappelle la classe, le thème, les notions et contenus ainsi que la capacité numérique en elle-même publiés dans les programmes officiels.

Table des matières

Chapitre 1. **Quelques rappels sur le langage Python** 9

I. L'environnement de développement Pyzo 10

II. Calculs simples 11

III. Manipuler des variables 12

IV. Programmes simples dans l'éditeur 14

V. Fonctions mathématiques 16

Chapitre 2. **Quelques rappels sur les tracés de graphiques** 19

I. Instructions utiles 20

II. Tracé d'une courbe 20

III. Tracé de deux courbes sur un même graphique 21

Chapitre 3. **Quelques rappels sur les méthodes numériques** 23

I. Résoudre une équation linéaire ou non linéaire 24

II. Résoudre une (ou plusieurs) équation(s) différentielle(s) 27

Chapitre 4. **Mesures et incertitudes** 37

I. Représenter un histogramme associé à une série de mesures (lycée) 38

II. Simuler un processus aléatoire illustrant la détermination de la valeur d'une grandeur (terminale et CPGE1) 41

Chapitre 5. **Mécanique** 47

I. Tracer la trajectoire d'un point matériel (seconde) 49

II. Tracer des vecteurs vitesse (seconde) 52

III. Relier la variation du vecteur vitesse d'un système et la somme des forces appliquées (lycée) 54

IV. Effectuer le bilan énergétique d'un système en mouvement (lycée) 59

V. Vérifier les lois de Kepler (terminale, MPII) 63

VI. Exploiter une équation différentielle vérifiée par la vitesse dans le cas d'une force de frottement fluide (MPSI, PTSI, PCSI) 66

VII. Résoudre une équation différentielle du deuxième ordre non-linéaire et faire apparaitre l'effet des termes non-linéaires (MPSI, MPII, PTSI, PCSI)... 69

VIII. Mettre en évidence le non-isochronisme des oscillations du pendule pesant (MPSI, PTSI, PCSI) 73

IX. Obtenir une trajectoire d'un point matériel soumis à un champ de force centrale conservatif (MPSI, PTSI, PCSI) 76

Chapitre 6. **Ondes et signaux** 79

I. Représenter un signal périodique (première) 80

II. Représenter la somme de deux signaux périodiques (terminale).............. 83

III. Visualiser le point de fonctionnement d'un circuit (CPGE1) 87

IV. Simuler la réponse d'un système linéaire du premier ordre à une excitation de forme quelconque (MPSI, MPII, PTSI, PCSI)................. 90

V. Simuler la réponse d'un système linéaire du deuxième ordre à une excitation de forme quelconque (MPII) 94

VI. Simuler l'action d'un filtre sur un signal périodique (MPSI, MPII, PTSI, PCSI) 98

Chapitre 7. **Constitution et transformation de matière**............................ 103

I. Déterminer la composition à l'état final d'un système siège d'une transformation chimique totale (première) 105

II. Représenter l'évolution des quantités de matière des espèces lors d'un titrage acide-base (terminale) 108

III. Déterminer le taux d'avancement final d'une transformation, modélisée par la réaction d'un acide sur l'eau (terminale) 113

IV. Déterminer l'état final d'un système siège d'une transformation modélisée par une réaction à partir de conditions initiales et de la valeur de la constante d'équilibre (MPSI, PTSI, PCSI).. 118

V. Tracer le diagramme de distribution des espèces d'un couple acide-base (terminale, PCSI) 121

VI. Tracer le diagramme de distribution des espèces de plusieurs couples acide-base (PCSI) 124

Chapitre 8. **Cinétique chimique et mécanismes réactionnels** 127

I. Tester une relation donnée entre la vitesse volumique de la réaction et la concentration d'un réactif (terminale) 129

II. Vérifier une loi de vitesse (PCSI chimie) 134

III. Tracer l'évolution temporelle d'une concentration, d'une vitesse volumique de formation ou de consommation, d'une vitesse volumique de réaction (BCPST1) 139

IV. Déterminer un ordre partiel, calculer une constante de vitesse et déterminer une énergie d'activation (BCPST1) 143

V. Mettre en évidence les approximations de l'étape cinétiquement déterminante ou de l'état stationnaire d'un intermédiaire réactionnel (PCSI chimie) 148

VI. Mettre en évidence le contrôle cinétique et le contrôle thermodynamique (PCSI chimie) 151

VII. Tracer l'évolution des concentrations dans le cas de deux actes élémentaires opposés : état d'équilibre d'un système (BCPST1) 154

Chapitre 9. **Thermodynamique** 157

I. Comparer le comportement d'un gaz réel au modèle du gaz parfait sur des réseaux d'isothermes expérimentales (MPSI, PTSI, PCSI) 158

II. Étudier les variations de pression et température de l'atmosphère (PCSI) ... 164

Chapitre 1.
Quelques rappels sur le langage Python

Plan du chapitre

I. L'environnement de développement Pyzo 10
- **I.1** Installation 10
- **I.2** Découverte de l'environnement de développement Pyzo 10

II. Calculs simples 11
- **II.1** Calculs dans le shell 11
- **II.2** Priorité des opérations 12

III. Manipuler des variables 12
- **III.1** Créer une variable et la modifier 12
- **III.2** Type d'une variable 13

IV. Programmes simples dans l'éditeur 14
- **IV.1** Un premier programme 14
- **IV.2** Affichage d'un résultat 16
- **IV.3** Commentaires dans les programmes 16

V. Fonctions mathématiques 16
- **V.1** La bibliothèque math 16
- **V.2** La bibliothèque numpy 17

I. L'environnement de développement Pyzo

I.1 Installation

On développe dans cet ouvrage l'utilisation du logiciel Pyzo. Celui-ci peut être installé en suivant les instructions détaillées sur le site :

https ://pyzo.org/start.html

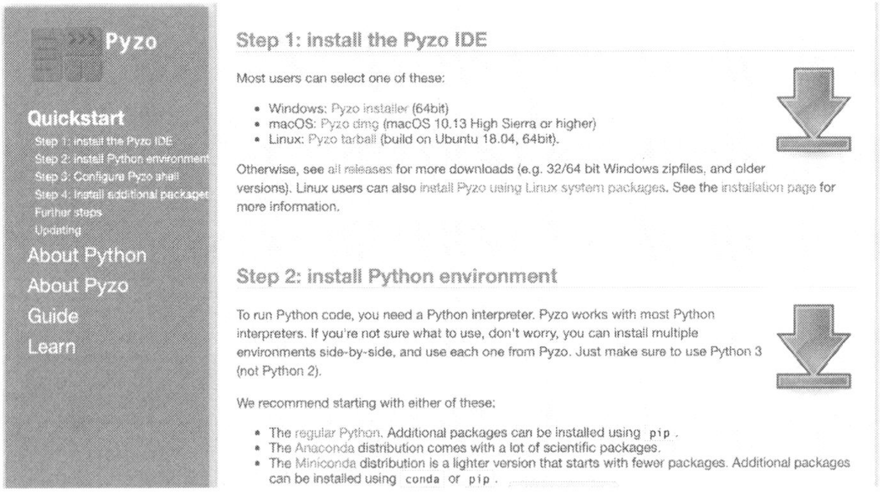

Fig. 01 : extrait du site *pyzo.org*

On recommande l'installation d'**Anaconda** pour l'utilisation des bibliothèques scientifiques mais surtout pas de **Miniconda** qui est trop limité.

I.2 Découverte de l'environnement de développement Pyzo

Pyzo va permettre de saisir des *programmes* (ou *scripts*) plus ou moins courts et d'en visualiser les résultats.

Tout d'abord, il faut lancer Pyzo. Les fenêtres les plus utiles pour la suite seront :
- ▷ le **shell** (pour la saisie de *scripts* très courts et la *visualisation* de résultats),
- ▷ l'**éditeur** (pour l'écriture de programmes plus ou moins longs que l'on peut sauvegarder)
- ▷ le **gestionnaire de fichiers** (pour visualiser les *fichiers* de travail).

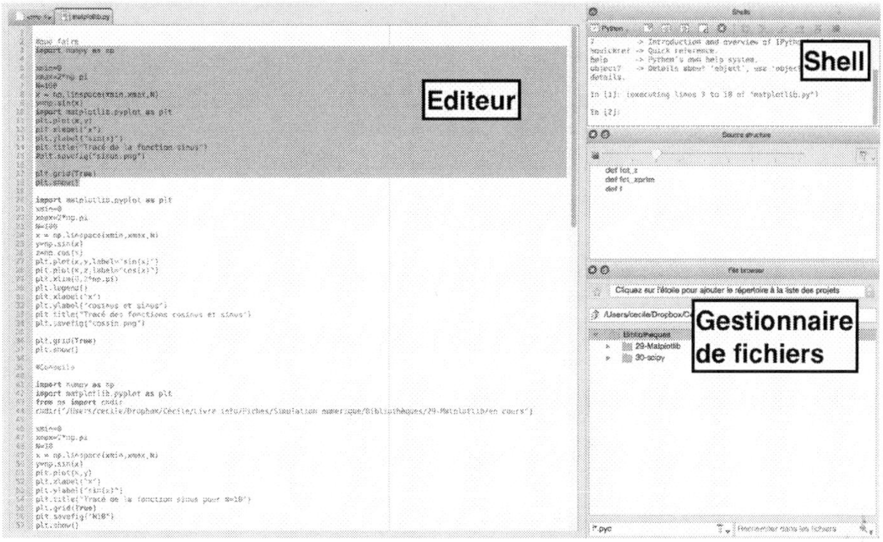

Fig. 02 : Les principales fenêtres de l'interface de Pyzo

II. Calculs simples

II.1 Calculs dans le shell

Voici quelques premiers calculs simples que l'on peut effectuer sur une interface Pyzo vierge. Le shell de *Pyzo 4* invite à saisir des instructions avec >>>. On peut alors taper :

```
1+1
```

Puis taper sur la touche du clavier ↵. Le shell renvoie le résultat (voir *Fig. 03*) :

```
2
```

Puis on souhaite calculer 3^2. Il reste à taper :

```
3**2
```

Après avoir enfoncé la touche ↵, ceci donne (voir *Fig. 03*) :

```
9
```

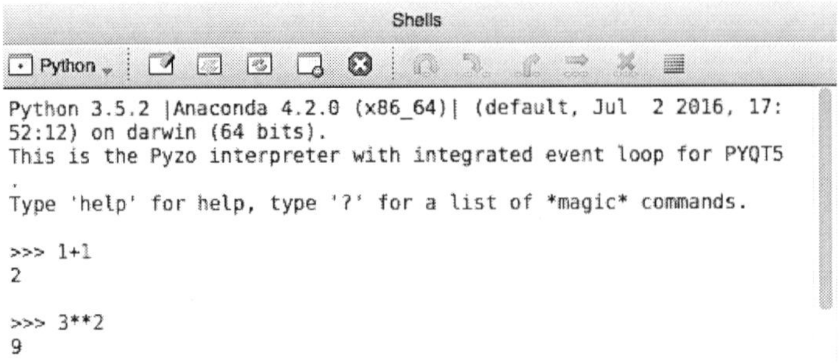

Fig. 03 : Le shell dans *Pyzo 4*

On peut également taper le calcul `23/3` :

```
23/3
```

Ceci renvoie un réel (appelé *flottant*) :

```
7.666666666666667
```

II.2 Priorité des opérations

Les parenthèses s'emploient comme lors d'un calcul mathématique, ou sur une calculatrice. La commande `2*3+2` donne 8, là où la commande `2*(3+2)` donne `10`.

L'opération 2^2 s'écrit `2**2` en python, et le calcul de cette puissance est prioritaire sur les autres opérations.

```
>>> 2*3+2
8

>>> 2*(3+2)
10

>>> 1/2**2
0.25

>>> 1/(2**2)
0.25
```

Fig. 04 : Priorité des opérations

III. Manipuler des variables

III.1 Créer une variable et la modifier

Pour *déclarer* la variable `a`, dans l'éditeur de scripts ou dans le shell, il suffit de lui *affecter* une valeur :

```python
a = 0.01
```

Ainsi la valeur 0.01 est *affectée* à la variable a. Pour *incrémenter* de 1 la variable a, on peut taper :

```python
a = a + 1 #1 ajouté à a
#ou encore
a += 1 #1 ajouté à a
```

III.2 Type d'une variable

a) Entiers et flottants

Les nombres en python peuvent être de différents *types*. Pour tester le type d'un nombre, il suffit de taper la commande **type**(nombre). Par exemple :

```python
type(2)
```

Ceci renvoie **int** pour *integer* (*entier* en anglais) :

```python
<class 'int'>
```

De même :

```python
type(2.0)
```

Ceci renvoie **float** ou *flottant* en français (*nombre réel* en anglais) :

```python
<class 'float'>
```

b) Conversion de type

Il est possible de forcer le type d'un nombre en tapant par exemple **int** (nombre) ou **float** (nombre). Par exemple :

```python
float(2)
```

Ceci renvoie un *flottant* :

```python
2.0
```

De même :

```python
int(2.0)
```

Ceci renvoie un entier (*integer*) :

```python
2
```

c) Les booléens

Un booléen est une variable qui peut prendre deux états : soit l'état vrai (`True`), soit l'état faux (`False`). L'intérêt des booléens en informatique est qu'ils permettent de tester si une expression logique, est vraie ou fausse.

Dans un script Python, lorsque l'on essaie de déterminer si une expression logique est vraie ou fausse, le shell renvoie un booléen : le booléen `True` si l'expression est vraie et le booléen `False` si l'expression est fausse.

Si on affecte les valeurs suivantes : `a,b,c = 4,2,1` on peut effectuer les tests suivants :

Commandes	**Signification**	**Résultat**
a==b	a est égal à b	False
a>b	a est strictement supérieur à b	True
a<b	a est strictement inférieur à b	False
a>=b	a est supérieur ou égal à b	True
a<=b	a est inférieur ou égal à b	False
a!=b	a est différent de b	True
a<b **and** b>c	a est inférieur à b et b est supérieur à c	False
a<b **or** b>c	a est inférieur à b ou b est supérieur à c	True

- ▷ Donc assez naturellement, a<b **and** b>c, qui revient à False **and** True, renvoie False.
- ▷ De même, a<b **or** b>c, qui revient à False **or** True, renvoie True.

IV. Programmes simples dans l'éditeur

IV.1 Un premier programme

On peut commencer par taper dans l'*éditeur* (voir la *Fig. 05* pour le visuel) :

```
a = 1
b = 2
print("Le calcul de a+b donne", a+b)
```

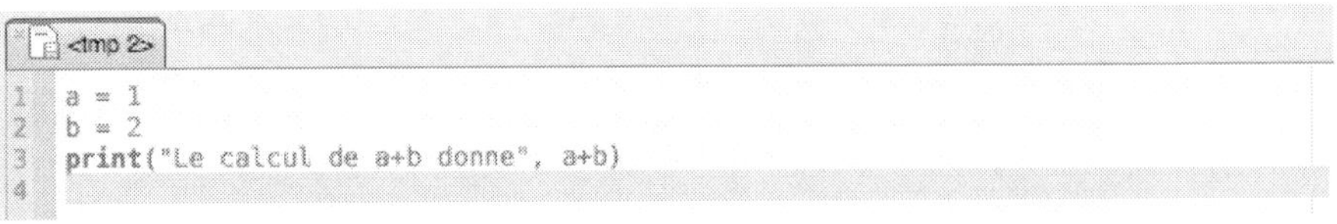

Fig. 05 : Programme dans l'éditeur avant enregistrement

Puis on enregistre le programme créé sous le nom `Calcul.py` avant de l'exécuter :

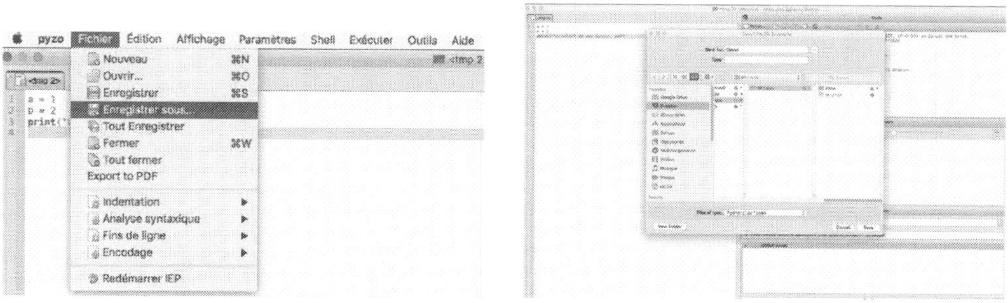

Fig. 06 : Les étapes d'enregistrement du fichier `Calcul.py`

Une fois le fichier enregistré, on va pouvoir exécuter le programme. On mentionne ici deux méthodes assez pratiques : *exécuter le fichier* (*Fig. 07a*) ou *exécuter la sélection* (*Fig. 07b*).

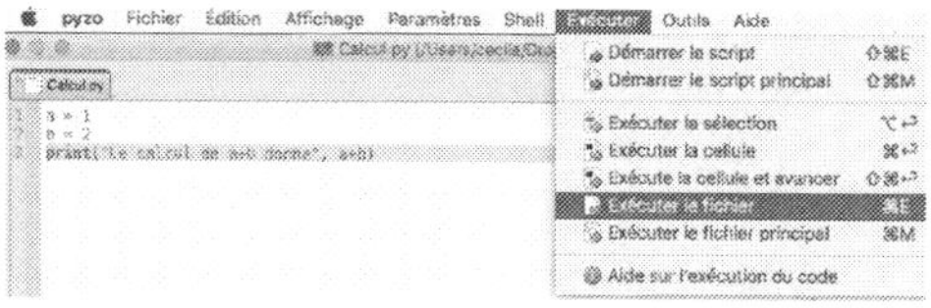

Fig. 07a : Exécuter le fichier

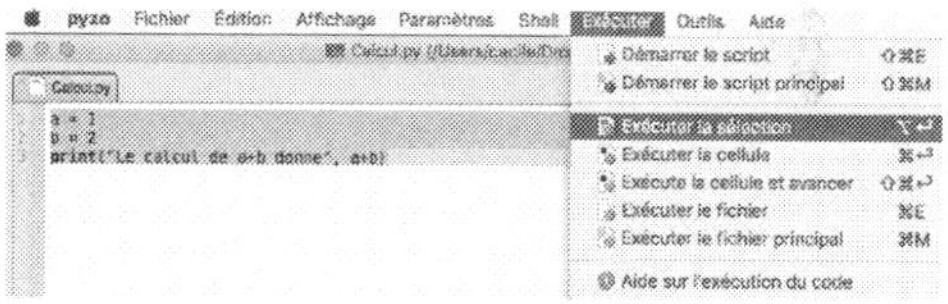

Fig. 07b : Exécuter la sélection

L'exécution du fichier `Calcul.py` donne le résultat suivant dans le *shell* :

```
>>> (executing file "Calcul.py")
Le calcul de a+b donne 3
```

Fig. 08 : Résultat de `Calcul.py`

Une fois le fichier `Calcul.py` enregistré, on peut vérifier sa présence dans le répertoire */Info* par exemple :

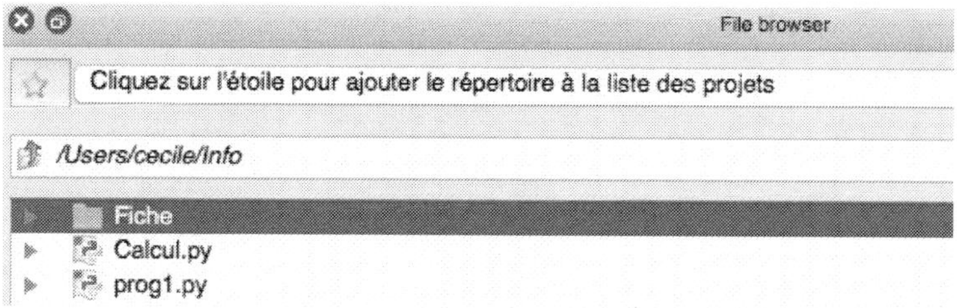

Fig. 09 : Visualisation de `Calcul.py`

IV.2 Affichage d'un résultat

Toutes les lignes tapées dans le *shell* peuvent être écrites dans l'*éditeur* et être *enregistrées*. Pour permettre l'affichage des résultats au fur et à mesure de leur calcul, **il faut utiliser** la commande **print( )**. Dans le cas contraire, seul le dernier résultat s'affiche dans le *shell.*

```
print("2*3 =",2*3)
```

Ceci donne dans le shell :

```
2*3 = 6
```

IV.3 Commentaires dans les programmes

On peut placer des commentaires grâce à l'utilisation des triples guillemets ou du #. Par exemple : `"""Commentaire"""` ou encore `#Commentaire`

Voici un exemple de programme tapé dans l'éditeur :

```
"""Exemples de calculs simples"""
print("2*3 =",2*3)
#Affichage du type
print("le type de 2 est :",type(2))
```

Puis on enregistre le programme créé sous le nom `Calcul2.py` avant de l'exécuter.

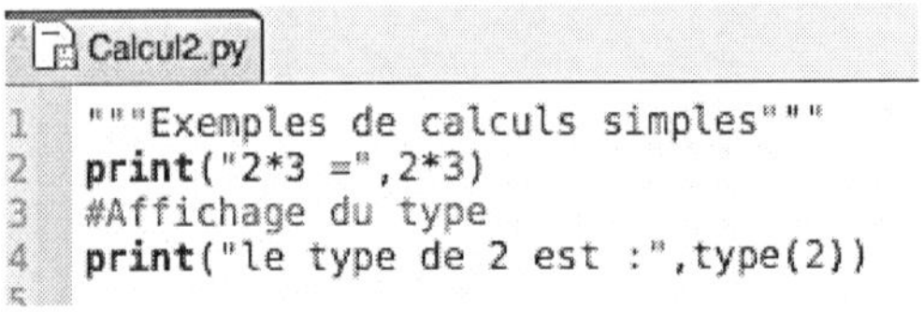

Fig. 010 : Programme `Calcul2` dans l'éditeur

Une fois le fichier enregistré, on peut exécuter le programme. L'exécution du fichier `Calcul2.py` donne le résultat suivant dans le *shell* :

```
2*3 = 6
le type de 2 est : <class 'int'>
```

On vérifie que 2 est de type entier (*integer*).

V. Fonctions mathématiques

V.1 La bibliothèque math

On peut utiliser les fonctions trigonométriques, logarithme, exponentielle etc... Cela peut se faire dans le *shell* directement mais le passage par l'*éditeur* est plus simple et sera la méthode choisie dans ce chapitre. Pour cela, on peut d'abord importer les fonctions de la bibliothèque `math`. On tape dans l'*éditeur* :

```
"""Fonctions mathématiques de la bibliothèque math"""
from math import sin, pi #on importe sin et pi exclusivement
print("sin(pi/2) =",sin(pi/2))
```

Après exécution, le résultat affiché dans le *shell* est le suivant :

```
sin(pi/2) = 1.0
```

Voici quelques fonctions ou constantes classiques de la bibliothèque `math` :

En mathématique	En Python
$\exp(x)$	`exp(x)`
$\ln(x)$	`log(x)`
$\log(x)$	`log10(x)`
$\sin(x)$	`sin(x)`
$\cos(x)$	`cos(x)`
π	`pi`
$\sqrt{x}$	`sqrt(x)`

Une autre méthode consiste à importer le module `math` :

```
import math
```

On accède ensuite aux différentes fonctions de `math` en tapant `math.` suivi du nom de la fonction. Par exemple :

```
print("sin(pi/2) =",math.sin(pi/2))
```

Après exécution, le résultat affiché dans le *shell* est aussi `sin(pi/2)= 1.0`.

V.2 La bibliothèque numpy

Il est assez courant d'importer `numpy` et de lui créer l'alias `np`.

```
import numpy as np #on crée un alias np pour numpy
```

On accède alors aux différentes fonctions de `numpy` en tapant `np.` suivi du nom de la fonction. Voici quelques exemples de fonctions ou constantes de la bibliothèque `numpy` :

En mathématique	En Python
$\exp(x)$	np.exp(x)
$\ln(x)$	np.log(x)
$\log(x)$	np.log10(x)
$\sin(x)$	np.sin(x)
$\cos(x)$	np.cos(x)
π	np.pi
$\sqrt{x}$	np.sqrt(x)

Afin d'illustrer, on tape le programme suivant dans l'éditeur et on exécute le programme :

```
#Quelques fonctions de la bibliothèque numpy
import numpy as np #on crée un alias np pour numpy
print("cos(pi) =",np.cos(np.pi)) #on accède au cos
    via np.cos
print("exp(1) =",np.exp(1)) #on accède à exp via
    np.exp
```

Le résultat affiché dans le *shell* est :

```
cos(pi) = -1.0
exp(1) = 2.71828182846
```

Chapitre 2.

Quelques rappels sur les tracés de graphiques

Plan du chapitre

I. Instructions utiles 20

II. Tracé d'une courbe 20

III. Tracé de deux courbes sur un même graphique 21

I. Instructions utiles

On importe la bibliothèque nécessaire à la création des graphiques :

```
import matplotlib.pyplot as plt #création d'un alias plt
```

Voici quelques instructions utiles pour la création de graphiques :

Type	Commande	Remarque
Numérotation de figure	`plt.figure(1)`	crée la figure numéro 1
Titre des abscisses	`plt.xlabel("...")`	
Titre des ordonnées	`plt.ylabel("...")`	
Titre du graphe	`plt.title("...")`	
Création d'un graphe	`plt.plot(x,y)`	x : array/liste en abscisse, y : array/liste en ordonnée
Création de deux courbes sur un seul graphe	`plt.plot(x1,y1)` `plt.plot(x2,y2)`	x1, x2 : en abscisse, y1, y2 : en ordonnée
Création d'un graphe légendé	`plt.plot(x,y,label="")` `plt.legend()`	y en fonction de x obligatoire pour la légende
Échelle des abscisses	`plt.xlim(xmin,xmax)`	
Échelle des ordonnées	`plt.ylim(ymin,ymax)`	
Quadrillage	`plt.grid(True)`	True optionnel
Type de tracé	"-" "o" , "*" ou "+" "--"	une ligne continue des "o", "*" ou "+" ligne discontinue
Couleur du tracé	"r", "g" ou "b" etc...	rouge, vert ou bleu etc...
Affichage du graphe	`plt.show()`	
Enregistrement	`plt.savefig("...")`	

II. Tracé d'une courbe

On souhaite tracer la représentation graphique associée à la fonction sinus sur l'intervalle $[0, 2\pi]$. On crée deux *arrays* (il est aussi possible de travailler avec deux listes) correspondant aux valeurs en abscisse et en ordonnée :

```
import numpy as np
xmin = 0
xmax = 2*np.pi
N = 100 #pour N points de tracé
x = np.linspace(xmin,xmax,N)#axe des abscisses
y = np.sin(x) #y : array qui contient le sinus des valeurs de x
```

On importe la bibliothèque nécessaire à la création des graphiques :

```
import matplotlib.pyplot as plt #création d'un
    alias plt
```

On crée des étiquettes en abscisse et en ordonnée, le titre du graphe et on affiche un quadrillage.

```
plt.plot(x,y) #tracé
plt.xlabel("x") #titre des abscisses
plt.ylabel("sin(x)") #titre des ordonnées
plt.title("Tracé de la fonction sinus sur une pé
    riode") #titre du graphe
plt.grid(True) #quadrillage
plt.show() #affichage du graphique
```

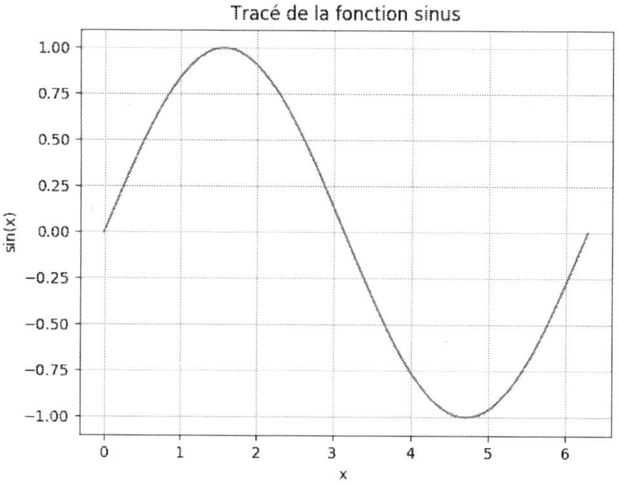

Fig. 01 : Fonction sinus

III. Tracé de deux courbes sur un même graphique

On souhaite superposer les courbes représentatives des fonctions cosinus et sinus sur l'intervalle $[0, 2\pi]$. On suppose les bibliothèques déjà importées.

```
xmin, xmax, N = 0, 2*np.pi, 100
x = np.linspace(xmin,xmax,N)  #abscisse commune
y = np.sin(x)#array des valeurs de sin(x)
z = np.cos(x)#array des valeurs de cos(x)
```

On crée une courbe pour chaque fonction et des étiquettes pour chaque courbe.

```
plt.plot(x,y,"o",label="sin(x)")
plt.plot(x,z,label="cos(x)")
plt.legend()#création d'une légende
```

On limite l'échelle des abscisses, on crée des titres en abscisse, en ordonnée ainsi que pour le graphique :

```
plt.xlim(0,2*np.pi)  #fixe l'échelle du tracé
plt.xlabel("x")
plt.ylabel("cosinus␣et␣sinus")
plt.title("Tracé␣des␣fonctions␣cosinus␣et␣sinus")
plt.grid(True)
plt.show()#affichage de la courbe
```

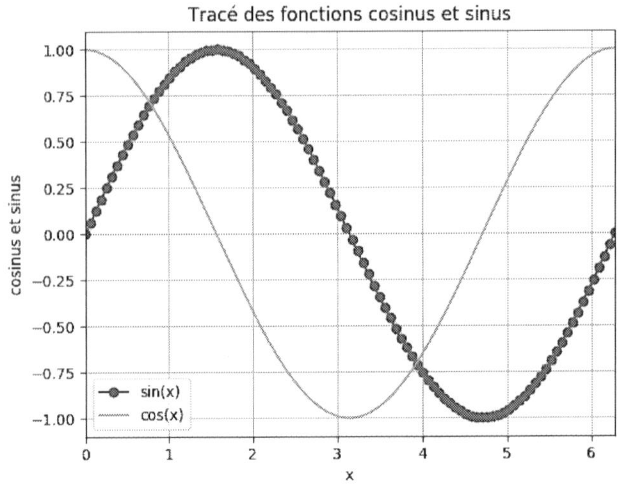

Fig. 02 : Fonctions cosinus et sinus

Chapitre 3.
Quelques rappels sur les méthodes numériques

Plan du chapitre

I. Résoudre une équation linéaire ou non linéaire 24

- **I.1** Rechercher une valeur approchée du zéro d'une fonction par la méthode de Newton 24
- **I.2** Rechercher une valeur approchée du zéro d'une fonction par la méthode de dichotomie 25
- **I.3** Rechercher une valeur approchée du zéro d'une fonction avec SciPy 26

II. Résoudre une (ou plusieurs) équation(s) différentielle(s) 27

- **II.1** Trouver une solution approchée d'une équation différentielle d'ordre 1 par la méthode d'Euler 27
- **II.2** Trouver une solution approchée d'une (ou plusieurs) équation(s) différentielle(s) avec odeint 31

I. Résoudre une équation linéaire ou non linéaire

Pour résoudre une équation linéaire ou non linéaire, il suffit de se ramener à une équation du type : $f(x) = 0$ que l'on résout pour les valeurs de x.

I.1 Rechercher une valeur approchée du zéro d'une fonction par la méthode de Newton

La méthode de *Newton* ou méthode de *Newton-Raphson*, est, au même titre que la méthode de dichotomie, un moyen pour rechercher un zéro [1] *approché* d'une fonction f. La méthode de *Newton* est particulièrement efficace. En effet, si elle ne diverge pas, elle permet de renvoyer une valeur *approchée* d'un zéro (à une *précision* près) en peu d'itérations.

Pour appliquer la méthode de *Newton* à une fonction f, on veillera à ce que :

- ▷ f soit dérivable ;
- ▷ sa dérivée f' ne s'annule pas en un des points x_i calculés ;
- ▷ l'on fournisse une première estimation d'un zéro, x_0, qui soit assez proche d'un véritable zéro (sinon il y a risque de divergence de l'algorithme).

Pour trouver une valeur *approchée* du zéro d'une fonction `f` (à une précision `eps` près), dont la fonction dérivée est `df`, on peut taper le code suivant :

```
def newton(f,df,x0,eps) :
    """Renvoie le zéro approché de la fonction f à
       eps près"""
    x_i = x0   #initialisation du zéro
    while abs(f(x_i))>eps:
        x_i = x_i-f(x_i)/df(x_i)
    return x_i
```

On détaille son utilisation sur un exemple.

> Exemple : soit la fonction définie par $f(x) = x^2 - 2x - 3 \quad (1)$
>
> On déclare la fonction Python `f` qui correspond au terme de droite de l'équation (1). De même, on définit la fonction dérivée notée `df` en Python :
>
> ```
> def f(x):
>     return x**2-2*x-3
> def df(x): #fonction dérivée
>     return 2*x-2
> ```
>
> On applique la fonction `newton` à la fonction `f`, pour une précision de

1. Pour rappel, un zéro d'une fonction est une valeur en laquelle cette fonction s'annule. La détermination des zéros d'une fonction f, revient à résoudre l'équation $f(x) = 0$

eps = 1E-5 et on affiche le résultat.

```
eps=1E-5
sol = newton(f,df,2.0,eps)
print("Un zero approché est",sol)
```

Ce qui donne environ 3.0, en 4 itérations.

```
Un zero approché est 3.0000000929222947
```

Dans l'absolu, rien ne permet d'affirmer que la condition d'arrêt de la boucle **while** (**abs**(f(x_i)>eps) va être atteinte. Il est donc plus prudent de lui rajouter un compteur permettant de limiter le nombre d'itérations.

I.2 Rechercher une valeur approchée du zéro d'une fonction par la méthode de dichotomie

La méthode de *dichotomie* permet de rechercher un zéro $f(x) = 0$ *approché* d'une fonction f sur un intervalle $[a, b]$. Il s'agit d'une méthode numérique qui ne peut renvoyer une valeur exacte mais seulement une valeur *approchée* du zéro à une *précision* près. Pour cela, il faut que :

▷ f soit, bien sûr, définie sur l'intervalle $[a, b]$;

▷ f soit continue sur l'intervalle $[a, b]$;

▷ l'inégalité $f(a) \times f(b) < 0$ soit vérifiée, ce qui implique que f admette au moins un zéro sur l'intervalle $[a, b]$.

On peut utiliser la fonction suivante :

```
def zero_dicho(f,a,b,eps):
    """Renvoie le zéro approché de la fonction f à
      eps près"""
    if f(a)*f(b)>0:  #pas de zéro sur [a,b]
        return False
    else :  #f admet au moins un zéro sur [a,b]
        m =(a+b)/2
        while abs(b-a)>eps :#précision non
          atteinte
            if f(a)*f(m)>0 :#pas de zéro sur [a,m]
                a=m
            else :#un zéro sur [a,m]
                b=m
            m=(a+b)/2   #m recalculé
    return m
```

On détaille son utilisation sur un exemple.

Exemple : Soit la fonction définie par $f(x) = x^2 - 2x - 3 \quad (1)$

On cherche un zéro sur l'intervalle $I = [1, 5]$.

On déclare une fonction `f`, en Python, qui correspond à la fonction mathématique précédente.

```
def f(x):
    return x**2-2*x-3
```

On applique `zero_dicho` à la fonction `polynome`, sur l'intervalle $[1, 5]$, pour une précision de `eps = 1E-5` (par exemple) et on affiche le résultat.

```
eps = 1E-5
a,b = 1.,5.
sol = zero_dicho(f,a,b,eps)
print("Le zero approché est",sol)
```

Ce qui donne environ 3.0 en 17 itérations :

```
Le zero approché est 2.99951171875
```

La méthode de dichotomie est donc un peu moins rapide que la méthode de Newton. Elle peut également difficilement converger si l'une des valeurs $f(a)$ ou $f(b)$ devient proche de zéro, à la précision machine près. La détermination du signe de cette valeur prend alors un caractère aléatoire. Il faut donc également s'assurer que **abs**`(f(a))<eps` et **abs**`(f(b))<eps`.

I.3 Rechercher une valeur approchée du zéro d'une fonction avec SciPy

La bibliothèque *SciPy* dispose de nombreuses fonctionnalités permettant de résoudre de manière *approchée* :

▷ une équation du type $f(x) = 0$, ou un système d'équations du même type ;
▷ une équation différentielle ou un système d'équations différentielles.

La méthode de résolution *numérique* d'une équation du type $f(x) = 0$ exposée ici est celle du solveur *fsolve*. *fsolve* renvoie une *valeur approchée* du zéro[2] d'une fonction f. Ce zéro est évalué à partir d'une estimation notée x_0.

Pour utiliser le solveur *fsolve*, afin de rechercher un zéro approché de la fonction f (que l'on aura pris soin de définir au préalable en Python), on peut taper :

```
from scipy import optimize #importe le module
    optimize
x0 = .. #premiere estimation du zéro
```

2. Pour rappel, le zéro d'une fonction f définie sur l'intervalle $I = [a, b]$ est un terme commun en informatique qui définit une valeur $\in I$ pour laquelle la fonction f s'annule.

```
zero = optimize.fsolve(f,x0) #recherche du zéro
print("Le zero proche de", x0,"est", zero)
```

D'autres options peuvent être utilisées dans l'appel de `fsolve`. Pour plus de détails, voir la documentation en ligne :

https ://docs.scipy.org/doc/scipy/reference/generated/scipy.optimize.fsolve.html

Exemple : on cherche une valeur approchée du zéro de la fonction f_1 définie par $f_1(x) = x^3 - 8$. On donne une première estimation du zéro à $x_0 = 1.0$.

```
"""Import de optimize"""
from scipy import optimize

"""Définition de la fonction python f1"""
def f1(x):
    return x**3-8

"""Résolution avec fsolve"""
x0 = 1.0
zero = optimize.fsolve(f1,x0)
print("Le zero proche de",x0,"est", zero)
```

Ce qui donne dans le shell :

```
Le zero proche de 1.0 est [ 2.]
```

On remarque que `fsolve` renvoie un vecteur (de type `ndarray`) dont le premier (et seul élément ici) est le zéro approché recherché.

Si la fonction f admet plusieurs zéros, en appliquant le solveur `fsolve`, il faut indiquer une estimation du zéro assez proche de celui que l'on cherche.

II. Résoudre une (ou plusieurs) équation(s) différentielle(s)

II.1 Trouver une solution approchée d'une équation différentielle d'ordre 1 par la méthode d'Euler

On rencontre très souvent des équations différentielles en physique et chimie. Si l'on doit résoudre un grand nombre d'équations, faire varier des paramètres, ou si les équations n'admettent pas de solution analytique, il peut être utile d'obtenir des solutions approchées par résolution numérique de ces équations différentielles. On utilisera la méthode d'*Euler* dite *explicite* qui est assez simple à mettre en œuvre et fournit des résultats satisfaisants. Ce paragraphe se limite à la résolution approchée d'une seule équation différentielle d'ordre 1 par la méthode d'Euler explicite.

Soit y une fonction définie sur $\mathbb{R}$, t_0, t_f deux réels tels que $t_0 < t_f$, et $I = [t_0, t_f]$ l'intervalle de temps de l'étude. Le problème pour lequel on cherche une solution approchée est :

$$\begin{cases} y'(t) = F(t, y) \quad (1) \\ y(t = t_0) = y_0 \end{cases}$$

La fonction F du *terme de droite* de l'équation différentielle, est définie sur $\mathbb{R}^2$.

N (avec $N \in \mathbb{N}^*$) est le nombre de points de discrétisation, ce qui donne $N - 1$ intervalles de discrétisation (voir *Fig. 01*).

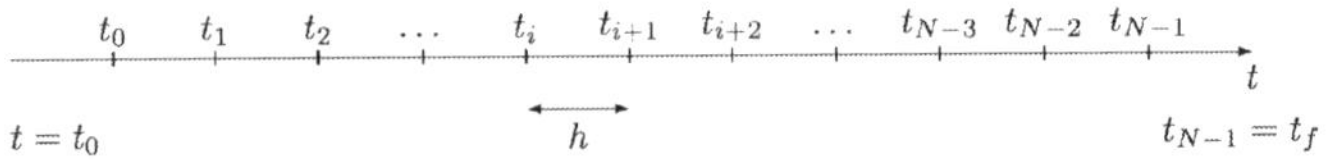

Fig. 01 Discrétisation de l'intervalle I

Soit le pas du maillage $h = \dfrac{t_f - t_0}{N - 1}$. On retiendra la relation $t_{i+1} = t_i + h$. On peut alors construire le *schéma d'Euler explicite*, c'est à dire la suite récurrente :

$$\begin{cases} y_{i=0} = y_0 \\ y_{i+1} = y_i + hF(t_i, y_i) \end{cases}$$

À partir de la valeur initiale y_0, on peut ainsi construire une liste de valeurs notée

`valeurs_y` $= [y_0, y_1, \ldots, y_i, y_{i+1}, \ldots, y_{N-2}, y_{N-1}]$

Soit la fonction `Euler1` adaptée à la recherche d'une solution approchée d'une seule équation différentielle d'ordre 1 :

```python
def Euler1(F,t0,tf,N,y0):
    """F(t,y) : terme de droite de l'équation différentielle
    t0 : borne inférieure, tf : borne supérieure
    N : nombre de points de discrétisation
    y0 : valeur initiale de la variable y
    renvoie deux listes valeurs_t,valeurs_y"""
    valeurs_t = [t0]   #liste qui ne contient au départ que t0
     valeurs_y = [y0]      #liste qui ne contient au départ que y0
```

```
    h = (tf-t0)/(N-1)     #pas
    for i in range(N-1): #N-1 itérations
        valeurs_t.append(valeurs_t[i]+h) #on complète avec t_i+1
        valeurs_y.append(valeurs_y[i]+h*F(valeurs_t[i],valeurs_y[i])) #on complète avec y_i+1
    return valeurs_t, valeurs_y #renvoie 2 listes de N valeurs
```

Exemple : on souhaite trouver une solution approchée de l'équation différentielle de cinétique chimique A $\longrightarrow$ B d'ordre 1 suivante :

$$\begin{cases} \dfrac{dc_A}{dt} = -kc_A \\ c_A(t=0) = c_{A0} = 1 \text{ mol} \cdot \text{L}^{-1} \end{cases}$$

La fonction c_A joue le rôle de y et que le terme de droite de l'équation différentielle $-kc_A$ peut être noté $F(c_A)$ et ne dépend que de la variable c_A (donc le temps ne figure pas dans le terme de droite).

On définit tout d'abord les constantes liées au problème ainsi qu'un nombre de points $N = 300$ pour la discrétisation. On importe les bibliothèques `pyplot` et `numpy` :

```
import numpy as np
import matplotlib.pyplot as plt
k = 1 #min-1
cA0 = 1  #mol.L-1
N = 300  #300 points de discrétisation
t0,tf = 0,5 #étude sur 5min
```

On définit la fonction `F` qui correspond au terme de droite de l'équation différentielle :

```
def F(cA) :
    return -k*cA
```

Le nouveau schéma numérique est : $c_{Ai+1} = c_{Ai} + hF(c_{Ai})$ avec le pas de discrétisation $h = \frac{t_f - t_0}{N-1}$ et la valeur du premier terme $c_{A0} = 1$.

On adapte la fonction `Euler1` en `Euler_cA` pour plus de lisibilité. `Euler_cA` prend comme arguments une fonction `F` (qui ne dépend que de `cA`) ainsi que `t0,tf,N,cA0`.

```python
def Euler_cA(F,t0,tf,N,cA0):
    valeurs_t = [t0]
    valeurs_cA = [cA0]
    h = (tf-t0)/(N-1)    #pas
    for i in range(N-1):    #N-1 calculs
        valeurs_t.append(valeurs_t[i]+h)
        valeurs_cA.append(valeurs_cA[i]+h*F(valeurs_cA[i]))
    return valeurs_t,valeurs_cA
```

On appelle `Euler_cA` afin de créer deux listes `liste_temps` et `c_numerique`. On trace la solution approchée que l'on compare à la solution analytique c'est à dire $t \mapsto c_{A0}e^{-kt}$:

```python
liste_temps, c_numerique = Euler_cA(F,t0,tf,N,cA0)
c_theorique = [np.exp(-k*t) for t in liste_temps]
plt.title("Résolution numérique d'une cinétique d'ordre 1")
plt.plot(liste_temps,c_numerique,label="c numérique pour N="+str(N),marker='+')# des + sans ligne continue
plt.plot(liste_temps,c_theorique,label="c théorique")
plt.xlabel("Temps (min)")
plt.ylabel("Concentration de A (mol.L^-1)")
plt.grid(True)
plt.legend()
plt.show()
```

La solution numérique est assez proche de la solution analytique.

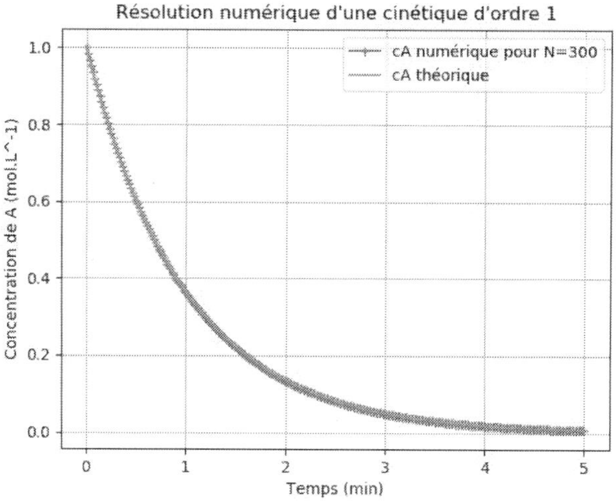

Fig. 02 Réaction A → B d'ordre 1 : résolution analytique et numérique

II.2 Trouver une solution approchée d'une (ou plusieurs) équation(s) différentielle(s) avec odeint

a) Utiliser odeint

Il existe un solveur plus performant et plus rapide à mettre en place que la méthode d'Euler inclus dans le module `integrate` de `Scipy`.

La fonction *odeint* renvoie la solution *approchée* d'une équation différentielle du type :

$$\frac{dy}{dt} = F(y, t)$$

La valeur initiale $y(t = 0) = y_0$ doit être connue. L'équation différentielle peut être non linéaire. De plus, un énorme avantage est que si on déclare la variable y sous forme de vecteur *numpy* (ainsi que sa valeur initiale y_0), on peut dans ce cas résoudre un système d'équations différentielles.

Pour utiliser *odeint* dans le cadre de la résolution approchée de l'équation précédente sur l'intervalle de temps $[t_0, t_f]$, on importe tout d'abord les modules et bibliothèques :

```
from scipy.integrate import odeint  #importe le
    module odeint
import numpy as np   #pour la création de vecteurs
import matplotlib.pyplot as plt  #pour le tracé du
    /des résultats
```

Puis, on définit les constantes liées au problème étudié :

```
t0, tf = ..., ... #bornes de l'intervalle d'étude
y0 = ... #valeur initiale de la variable y : y(t=
    t0)
N = ...  #nombre de points de discrétisation de [
    t0,tf]
```

Ensuite on définit la fonction `F` du terme de droite de l'équation différentielle :

```
def F(y,t): #y ET t obligatoires, DANS CET ORDRE
    return ...
```

Attention : la fonction `F` (écrite en langage Python) doit *forcément* admettre comme paramètres d'entrée `y` et `t`. Ce, même si l'un des deux n'intervient pas dans la fonction mathématique F. Puis, on crée un vecteur `t` contenant N valeurs de temps :

```
t = np.linspace(t0,tf,N) #valeurs comprises entre
    t0 et tf
```

On résout avec le solveur `odeint` [3] :

```
valeurs_y = odeint(F,y0,t) #renvoie un array
    valeurs_y qui contient N valeurs approchées de
    y
```

Si l'on résout une seule équation différentielle d'ordre 1, `valeurs_y` est un vecteur ligne. Si l'on résout plusieurs équations différentielles d'ordre 1, `valeurs_y` est une matrice. On rajoutera une dernière étape pour le tracé du résultat obtenu.

b) Résoudre une équation différentielle avec odeint

> Exemple : soit la réaction A $\rightarrow$ B pour laquelle on peut écrire
>
> $$S = \begin{cases} \dfrac{dC_A}{dt} = -k_1 C_A \\ C_{A0} = 1 \text{ mol} \cdot \text{L}^{-1} \end{cases}$$

La solution donne :

```
from scipy.integrate import odeint
import numpy as np   #pour le vecteur t
import matplotlib.pyplot as plt #pour le tracé
k1 = 1   #en min^-1
```

3. D'autres options peuvent être utilisées pour l'appel de `odeint()` : pour plus de détails, voir la documentation en ligne *https ://docs.scipy.org/doc/scipy/reference/generated/scipy.integrate.odeint.html*

```
t0, tf = 0, 5  #en min
N = 100  #nb points de discrétisation
CA0 = 1  #condition initiale : 1 mol.L-1
```

On déclare une fonction F qui correspond au terme de droite de l'équation différentielle :

```
def F(CA,t): #CA ET t obligatoires, DANS CET ORDRE
    return -k1*CA
```

On déclare un vecteur de temps noté `t` avec `np.linspace( )` .

```
t = np.linspace(t0,tf,N)
```

On stocke la solution dans un array `valeurs_C`.

```
valeurs_C = odeint(F, CA0, t)     #renvoie un array
```

On trace `valeurs_C` en fonction de `t` :

```
plt.title("Solution numérique avec odeint pour la réaction A-->B")
plt.plot(t,valeurs_C) #tracé
plt.grid(True) #quadrillage
plt.xlabel("Temps (min)")
plt.ylabel("Concentration (mol.L^-1)")
plt.show() #affichage
```

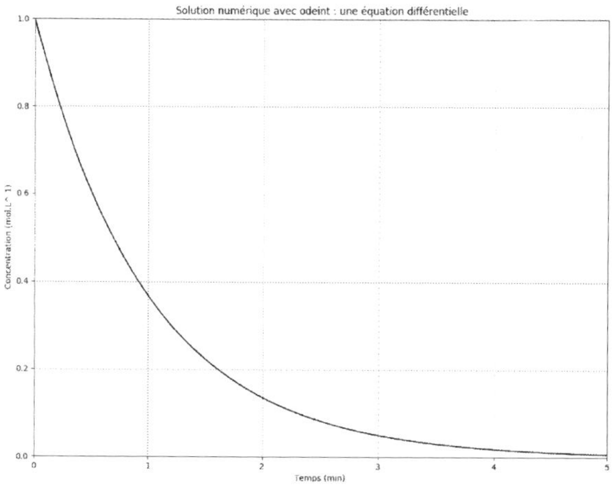

Fig. 03 Tracé de la solution approchée

c) Résoudre plusieurs équations différentielles avec odeint

> Exemple : soit la réaction A → B pour laquelle on peut écrire
>
> $$S = \begin{cases} \dfrac{dC_A}{dt} = -k_1 C_A \\ \dfrac{dC_B}{dt} = +k_1 C_A \\ C_A(t=0) = C_{A0} = 1 \text{ mol} \cdot \text{L}^{-1} \text{ et } C_B(t=0) = C_{B0} = 0 \text{ mol} \cdot \text{L}^{-1} \end{cases}$$

La solution donne :

```
from scipy.integrate import odeint
import numpy as np   #pour le vecteur t
import matplotlib.pyplot as plt #pour le tracé du résultat
k1 = 1   #en min^-1
t0, tf = 0, 5  #en min
N = 100  #nb points de discrétisation
CA0, CB0 = 1, 0 #mol.L-1
C0 = [CA0,CB0] #solution initiale sous forme de liste
```

On déclare une fonction `F` qui correspond aux termes de droite des équations différentielles :

```
def F(y,t):
    CA = y[0]   #La valeur d'indice 0 de y est CA
    CB = y[1]   #La valeur d'indice 1 de y est CB
    return np.array([-k1*CA,k1*CA])
```

On déclare un vecteur de temps noté `t` avec `np.linspace( )`.

```
t = np.linspace(t0,tf,N)
```

On stocke la solution dans un array `valeurs_C`.

```
valeurs_C = odeint(F, C0, t)    #résolution
```

On trace `valeurs_C` en fonction de `t` :

```
plt.title("Solution␣numérique␣avec␣odeint␣:␣deux␣équations␣différentielles␣couplées")
plt.plot(t,valeurs_C[:,0],"k-",label="CA")#tracé de CA, valeurs en colonne 0
plt.plot(t,valeurs_C[:,1],"k--",label="CB")#tracé de CB, valeurs en colonne 1
```

```
plt.grid(True)
plt.xlabel("Temps (min)")
plt.ylabel("Concentrations CA et CB (mol.L^-1)")
plt.legend()
plt.show()
```

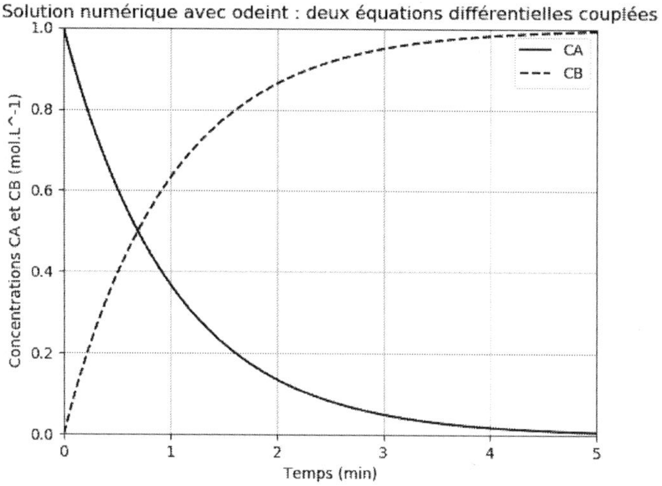

Fig. 04 Tracé de la solution approchée

Chapitre 4.
Mesures et incertitudes

Plan du chapitre

I. Représenter un histogramme associé à une série de mesures (lycée) 38

I.1 Problème étudié 38

I.2 Tracé 38

I.3 Incertitude de type A, incertitude type 39

II. Simuler un processus aléatoire illustrant la détermination de la valeur d'une grandeur (terminale et CPGE1) 41

II.1 Problème étudié 41

II.2 Méthode de Monte Carlo 41

II.3 Simulation aléatoire avec une loi uniforme 42

II.4 Simulation aléatoire avec une loi normale 44

I. Représenter un histogramme associé à une série de mesures (lycée)

Classes	Seconde, première et terminale
Thème	Mesures et incertitudes
Notions et contenus	Variabilité de la mesure d'une grandeur physique
Capacité numérique	Représenter l'histogramme associé à une série de mesures à l'aide d'un langage de programmation

On suppose des mesures expérimentales connues, il s'agit tout simplement de tracer un histogramme à partir de ces données.

I.1 Problème étudié

Par exemple si dans le cadre d'un TP, on demande de peser $3,0$g de sel de table, on indique que des élèves ont pesé les masses suivantes :

$N°$ de l'expérience	1	2	3	4	5	6	7	8	9	10
masse (en g)	2,87	2,90	2,95	2,87	3,10	2,90	2,88	2,75	2,90	2,80
$N°$ de l'expérience	11	12	13	14	15	16	17	18	19	20
masse (en g)	2,80	2,95	2,84	2,95	2,90	2,84	3,05	2,97	2,97	3,02

I.2 Tracé

Compétences

▷ Tracer l'histogramme d'une série de mesures.

On crée la liste de mesures `m` en Python :

```
m = [2.87, 2.90, 2.95, 2.87,3.1,2.90,2.88,2.75,
2.90,2.80,2.80,2.95,2.84,2.95,
2.90,2.84,3.05,2.97,2.97,3.02]
```

Le tracé d'un histogramme nécessite la commande `plt.hist` qui admet comme arguments :

▷ la (ou les) liste(s) des valeurs à tracer,
▷ l'intervalle de valeurs à prendre en compte : **range** `= (... , ...)`
▷ le nombre de sous-classes : `bins = ...`
▷ la (ou les) couleur(s) à associer à chaque liste de valeurs : `color = '...'`

On trace alors l'histogramme des valeurs de la masse mesurée. Pour cela on obtient le nombre d'occurrences identiques en ordonnée et les valeurs de masse en abscisse :

```python
import matplotlib.pyplot as plt # pour le tracé
plt.hist(m,range=(min(m),max(m)),bins=10,color='k'
    ) #tracé de l'histogramme, on fixe les bornes
    min et max en abscisse
plt.ylabel("Nombre d'occurrences") #étiquette en
    ordonnée
plt.xlabel("masse (g)") #étiquette en abscisse
plt.legend("masse de NaCl(s)") #légende
plt.show()#affichage du graphique
```

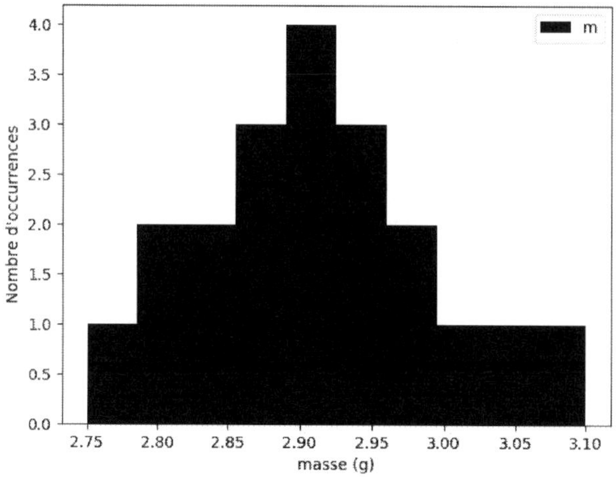

Fig. 01 Histogramme des mesures de la masse

I.3 Incertitude de type A, incertitude type

On peut calculer la moyenne (soit avec **sum** et **len** ou alors avec le module `statistics`).

```python
moyenne = sum(m)/len(m)
print(moyenne) #moyenne arithmétique
```

Pour l'écart-type on utilise le module `statistics` de Python. Soit :

```python
import statistics
moyenne = statistics.mean(m)
print("moyenne",moyenne)#moyenne arithmétique
ec = statistics.pstdev(m)
print("écart-type",ec) #écart-type
```

Le shell affiche : `moyenne 2.922` (en g) et `ecart-type 0.08423775875461081` (en g). En classe de première ou de terminale, CPGE on sait :

Compétences

▷ Calculer une incertitude de type A (incertitude-type par une approche statistique).

On peut calculer cette incertitude-type comme suit :

On note la moyenne $\bar{m} = 2{,}922\,\text{g}$ et l'écart-type $\sigma = 0{,}084\,\text{g}$.

On a effectué $N = 20$ mesures différentes.

On en déduit l'incertitude-type associée aux 20 mesures :

$$u(m) = \frac{\sigma}{\sqrt{N}} = \frac{0,084}{\sqrt{20}} = 0{,}019\,\text{g}$$

```python
import numpy as np#pour la racine
print("u(m)",ec/np.sqrt(20)) #u(m)
```

Le résultat (non arrondi) s'affiche dans le shell :

`u(m) 0.018966747217169327`

Selon les nouveaux programmes en CPGE, on garde deux chiffres significatifs sur `u(m)`. Soit l'expression de m pour la classe (donc les 20 mesures) :

$$m = 2{,}922\,\text{g}; u(m) = 0{,}019\,\text{g}$$

Remarque : dans les nouveaux programmes, on ne parle plus d'erreur ni d'incertitude élargie.

II. Simuler un processus aléatoire illustrant la détermination de la valeur d'une grandeur (terminale et CPGE1)

Classes	Terminale et CPGE première année
Thème	Mesures et incertitudes
Notions et contenus	Incertitudes-types composées
Capacité numérique	Simuler, à l'aide d'un langage de programmation, un processus aléatoire – simulation Monte-Carlo – illustrant la détermination de la valeur d'une grandeur avec incertitudes-types composées

II.1 Problème étudié

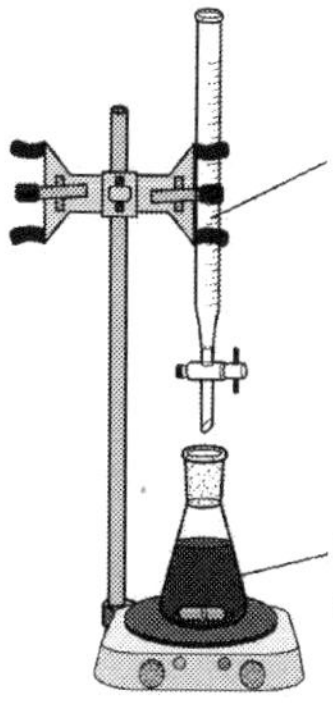

Fig. 02 Titrage acide fort par base forte

On prend l'exemple d'un titrage d'une solution d'acide fort par une solution de base forte. En fin du titrage on évalue la concentration de la solution acide C_{acide} par la formule :

$$C_{acide} = \frac{C_{base}V_{base}}{V_{acide}}$$

Avec C_{base} la concentration de la solution basique, V_{base} le volume versé de la solution basique à l'équivalence, V_{acide} le volume prélevé de la solution acide.

II.2 Méthode de Monte Carlo

On cherche dans ce paragraphe à évaluer l'incertitude-type $u(C_{acide})$. Pour cela on n'utilisera pas la formule des incertitudes composées mais la méthode de Monte Carlo. Cette méthode permet d'étudier la **variabilité** d'une grandeur calculée.

> La **méthode de Monte Carlo** désigne une famille d'algorithmes visant à calculer une valeur numérique approchée en utilisant des procédés aléatoires. Le nom de ces méthodes fait allusion aux jeux de hasard pratiqués au casino de Monte Carlo.

II.3 Simulation aléatoire avec une loi uniforme

On va mettre en œuvre la compétence suivante :

Compétences

▷ Simuler un processus aléatoire illustrant la détermination d'une grandeur.

a) Répartition des valeurs possibles des différents paramètres

On se propose pour cela de faire varier les valeurs de $C_{base}, V_{base}, V_{acide}$ de manière aléatoire et d'étudier l'influence de ces variations sur la valeur de C_{acide}. On considère connues les incertitudes types sur les paramètres C_{base}, V_{base}, V_{acide} :
▷ $u(C_{base}) = 0{,}003\,\text{mol} \cdot \text{L}^{-1}$;
▷ $u(V_{base}) = 0{,}05\,\text{mL}$ pour la burette graduée ;
▷ et $u(V_{acide}) = 0{,}06\,\text{mL}$ pour la pipette jaugée.
Ces incertitudes-types correspondent à celles fournies pour la burette, la pipette jaugée et par le laborantin pour la solution de base préparée.

On utilise le module `random.uniform` de `numpy` afin de générer aléatoirement $N = 100000$ valeurs de :

▷ C_{base} (réparties uniformément entre $0{,}097\,\text{mol} \cdot \text{L}^{-1}$ et $0{,}103\,\text{mol} \cdot \text{L}^{-1}$) ;
▷ V_{base} (réparties uniformément entre $14{,}95\,\text{mL}$ et $15{,}05\,\text{mL}$) ;
▷ et V_{acide} (réparties uniformément entre $9{,}94\,\text{mL}$ et $10{,}06\,\text{mL}$).

```
import numpy as np
N = 100000
uCb = 0.003#mol/L
uVb = 0.05#mL
uVa = 0.06#mL
C_base = np.random.uniform(0.1-uCb,0.1+uCb,N)
V_base = np.random.uniform(15.-uVb,15.+uVb,N)
V_acide = np.random.uniform(10.-uVa,10.+uVa,N)
```

b) Histogramme des valeurs possibles des différents paramètres

Compétences

▷ Savoir tracer un histogramme d'une série de mesures

On peut visualiser les variations de $C_{base}, V_{base}, V_{acide}$ grâce à leur histogramme respectif. Par exemple, si on souhaite visualiser les variations de C_{base} :

```
import matplotlib.pyplot as plt # pour le tracé
plt.hist(C_base,range=(min(C_base),max(C_base)),
    bins=50,color='k')
```

```
plt.ylabel("Nombre d'occurrences")
plt.xlabel("C_base(mol.L-1)")
plt.show()
```

Le code précédent est à adapter suivant l'histogramme que l'on veut. Ce qui donne par exemple les histogrammes suivants :

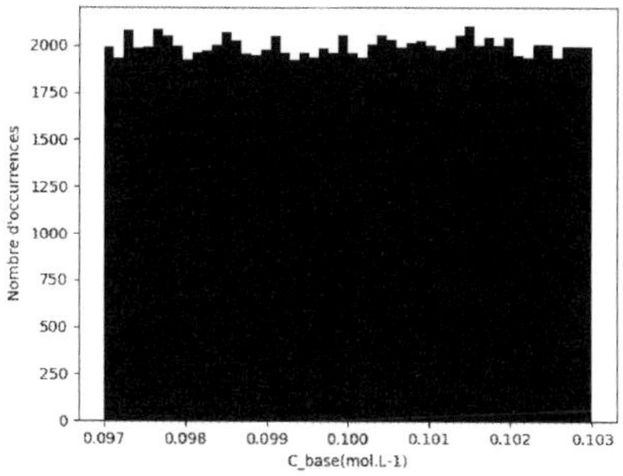

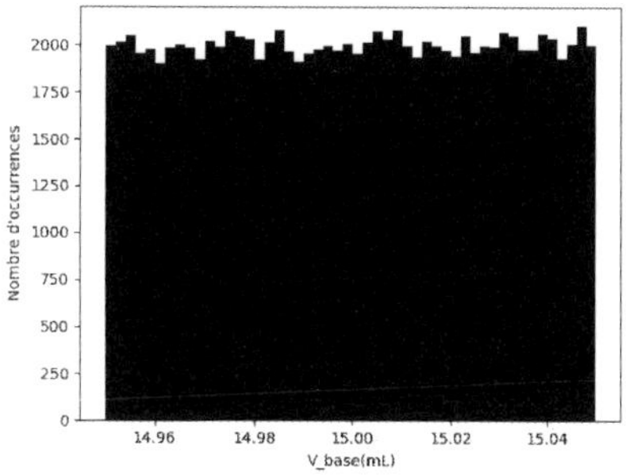

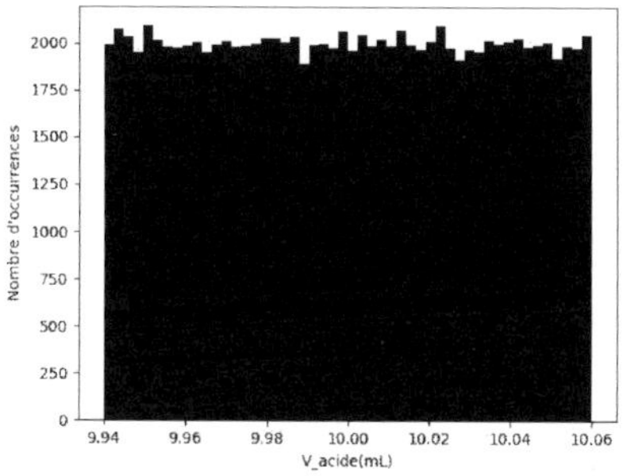

Fig. 03 Histogrammes des mesures

c) Calcul de la moyenne et de l'écart-type

Compétences

▷ Savoir calculer une moyenne, un écart-type

On calcule ensuite les valeurs de C_{acide}, la moyenne et l'écart-type :

```
C_acide = C_base*V_base/V_acide #crée un array
    contenant N valeurs de C_acide
moy_Ca = statistics.mean(C_acide) #moyenne arithmé
    tique
ec_Ca = statistics.pstdev(C_acide) #ecart-type
print("Moyenne",moy_Ca,"Ecart-type",ec_Ca)
```

Ce qui donne dans le shell (en $\text{mol} \cdot \text{L}^{-1}$) :

`Moyenne 0.15000811472678582` et `Ecart-type 0.002670168415948025`

Selon les nouveaux programmes en CPGE, on garde deux chiffres significatifs sur `ec_Ca`. Soit l'expression de C_{acide} :

$$C_{acide} = 0{,}1500\,\text{mol}\cdot\text{L}^{-1} ; u\left(C_{acide}\right) = 0{,}0027\,\text{mol}\cdot\text{L}^{-1}$$

En exécutant à nouveau le programme (de nouveaux tirages aléatoires sont effectués), on voit que comme les valeurs de C_{acide} (en $\text{mol}\cdot\text{L}^{-1}$) sont différentes, sa moyenne et l'écart-type sont modifiés :

`Moyenne 0.15010410899177423` et `Ecart-type 0.002649947984570684`

Soit l'expression de C_{acide} :

$$C_{acide} = 0{,}1501\,\text{mol}\cdot\text{L}^{-1} ; u\left(C_{acide}\right) = 0{,}0026\,\text{mol}\cdot\text{L}^{-1}$$

Variabilité d'une grandeur

Aussi, si les grandeurs permettant le calcul de C_{acide} varient, alors naturellement C_{acide} varie. Ainsi lorsque l'on effectue deux séries de simulations de tirages aléatoires, la moyenne arithmétique de C_{acide} et l'écart-type varient.

- **Forte variation d'un paramètre : impact sur C_{acide}**

Si la solution de base est mal préparée par exemple, sa concentration peut fortement varier :

```
C_base = np.random.uniform(0.080,0.120,N)
```

Ceci aura un impact sur les valeurs de C_{acide}, sa moyenne arithmétique et **principalement son écart-type** (en $\text{mol}\cdot\text{L}^{-1}$) :

`Moyenne 0.14998819495099586` et `Ecart-type 0.0173783178834647`

Soit l'expression $C_{acide} = 0{,}150\,\text{mol}\cdot\text{L}^{-1} ; u\left(C_{acide}\right) = 0{,}017\,\text{mol}\cdot\text{L}^{-1}$

II.4 Simulation aléatoire avec une loi normale

a) Incertitudes-types des différents paramètres

On considère toujours connues les incertitudes-types sur les paramètres C_{base}, V_{base}, V_{acide} :

▷ $u(C_{base}) = 0{,}003\,\text{mol}\cdot\text{L}^{-1}$;
▷ $u(V_{base}) = 0{,}05\,\text{mL}$ pour la burette graduée ;
▷ et $u(V_{acide}) = 0{,}06\,\text{mL}$ pour la pipette jaugée.

Ces incertitudes-types correspondent à celles fournies pour la burette, la pipette jaugée et par le laborantin pour la solution de base préparée.

b) Tirages aléatoires des valeurs des paramètres

On se propose de faire varier les valeurs de C_{base}, V_{base}, V_{acide} de manière aléatoire (on utilise cette fois une loi normale) et d'étudier l'influence de ces variations sur la valeur de C_{acide}. Pour cela, on utilise le module `random.normal` de `numpy` afin de générer aléatoirement N valeurs de :

- ▷ C_{base} (réparties de manière normale entre $0{,}097\,\mathrm{mol}\cdot\mathrm{L}^{-1}$ et $0{,}103\,\mathrm{mol}\cdot\mathrm{L}^{-1}$ donc centrées en $0{,}100\,\mathrm{mol}\cdot\mathrm{L}^{-1}$) ;
- ▷ V_{base} (réparties de manière normale entre 14,95 mL et 15,05 mL donc centrées en 15,00 mL)
- ▷ et V_{acide} (réparties de manière normale entre 9,94 mL et 10,06 mL donc centrées en 10,00 mL).

On importe tout d'abord les bibliothèques :

```
import numpy as np
import matplotlib.pyplot as plt # pour le tracé
import statistics
```

On définit les incertitudes types relatives à C_{base}, V_{base}, V_{acide} et le nombre de tirages noté N :

```
N = 100000
uCb = 0.003#mol/L
uVb = 0.05#mL
uVa = 0.06#mL
```

Si on met en place N tirages aléatoires pour le paramètre C_{base} associés à une loi normale centrée autour de 0.100 ($\mathrm{mol}\cdot\mathrm{L}^{-1}$), de largeur de la distribution `uCb` cela donne :

```
C_base = np.random.normal(0.100,uCb,N)
```

On peut visualiser ces variations avec le code :

```
plt.hist(C_base,range=(min(C_base),max(C_base)),
    bins=100,color='k')
plt.ylabel("Nombre d'occurrences") #étiquette en
    ordonnée
plt.xlabel("C_base(mol.L-1)") #étiquette en
    abscisse
plt.show()
```

L'histogramme des valeurs de C_{base} témoigne d'une belle loi normale :

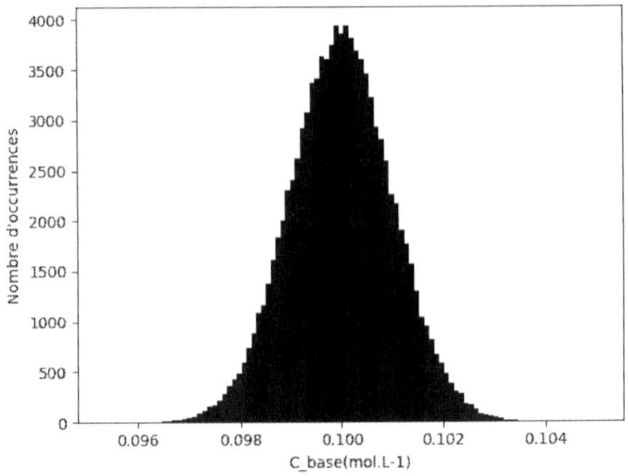

Fig. 04 Variations de C_{base}

Le code Python permettant N variations aléatoires de V_{base}, V_{acide} donne :

```
V_base = np.random.normal(15.00,uVb,N)
V_acide = np.random.normal(10.00,uVa,N)
```

c) Calcul de la moyenne et de l'écart-type

On peut ensuite calculer les valeurs de C_{acide}, la moyenne et l'écart-type :

Compétences

▷ Savoir calculer une moyenne, un écart-type

```
Ca = C_base*V_base/V_acide #crée un array
moy_Ca = statistics.mean(Ca) #moyenne
ec_Ca = statistics.pstdev(Ca) #écart-type
print("Moyenne",moy_Ca,"Ecart-type",ec_Ca)
```

Ce qui donne dans le shell (en $\mathrm{mol \cdot L^{-1}}$) :

`Moyenne 0.15002928401593102` et `Ecart-type 0.004624683939449205`

Soit l'expression de C_{acide} en conservant deux chiffres significatifs sur `ec_Ca` :

$$C_{acide} = 0{,}1500\,\mathrm{mol \cdot L^{-1}}; u\left(C_{acide}\right) = 0{,}0046\,\mathrm{mol \cdot L^{-1}}$$

> *Remarque : comme cela a été vu précédemment, en exécutant à nouveau le programme (de nouveaux tirages aléatoires sont effectués), alors les valeurs de C_{acide}, sa moyenne et l'écart-type seront modifiés.*

Chapitre 5.
Mécanique

Plan du chapitre

I. Tracer la trajectoire d'un point matériel (seconde) 49
- I.1 Tracé d'une trajectoire en 1D 49
- I.2 Tracé d'une loi horaire 50
- I.3 Modéliser une loi horaire 51

II. Tracer des vecteurs vitesse (seconde) 52
- II.1 Évaluation numérique de la vitesse 52
- II.2 Tracé des vecteurs vitesse en 1D 52

III. Relier la variation du vecteur vitesse d'un système et la somme des forces appliquées (lycée) 54
- III.1 Tracé d'une trajectoire en 2D 54
- III.2 Tracé des vecteurs accélération 55
- III.3 Comparaison du vecteur accélération à l'accélération de pesanteur 58

IV. Effectuer le bilan énergétique d'un système en mouvement (lycée) 59
- IV.1 Problème étudié : chute de bille amortie 59
- IV.2 Évaluation numérique de la vitesse 60
- IV.3 Bilan énergétique 60
- IV.4 Tracé des trois types d'énergie dans le cas d'une chute amortie 60
- IV.5 Bilans énergétiques avec et sans dissipation d'énergie 61

V. Vérifier les lois de Kepler (terminale, MPII) 63
- V.1 Les satellites de Jupiter 63
- V.2 Tracé d'une droite afin de vérifier la troisième loi de Kepler 63
- V.3 Calcul de la masse de Jupiter 65

VI. Exploiter une équation différentielle vérifiée par la vitesse dans le cas d'une force de frottement fluide (MPSI, PTSI, PCSI) 66
- VI.1 Problème de la chute du parachutiste... sans parachute 66
- VI.2 Résolution de l'équation différentielle en Python et tracé 67

VII. Résoudre une équation différentielle du deuxième ordre non-linéaire et faire apparaitre l'effet des termes non-linéaires (MPSI, MPII, PTSI, PCSI)... 69

VII.1 Problème du pendule simple ... 69

VII.2 Approximation des petits angles : linéarisation du problème ... 70

VII.3 Résolution approchée avec odeint ... 70

VIII. Mettre en évidence le non-isochronisme des oscillations du pendule pesant (MPSI, PTSI, PCSI) ... 73

VIII.1 Problème du pendule pesant ... 73

VIII.2 Résolution approchée avec odeint ... 74

IX. Obtenir une trajectoire d'un point matériel soumis à un champ de force centrale conservatif (MPSI, PTSI, PCSI) ... 76

IX.1 Trajectoire d'une planète dans le système solaire ... 76

IX.2 Tracé d'une trajectoire en coordonnées polaires ... 76

IX.3 Tracé de plusieurs trajectoires en coordonnées polaires ... 78

I. Tracer la trajectoire d'un point matériel (seconde)

Classe	Seconde
Thème	Mouvement et interactions
Notions et contenus	Trajectoire d'un point.
Capacité numérique	Représenter les positions successives d'un système modélisé par un point lors d'une évolution unidimensionnelle ou bidimensionnelle à l'aide d'un langage de programmation.

I.1 Tracé d'une trajectoire en 1D

Fig. 01 Chute libre

On s'intéresse à une balle lâchée sans vitesse initiale. Elle tombe verticalement. En filmant la chute, on peut grâce à un logiciel de pointage (comme Avimeca) repérer les positions y de la balle (modélisée par un point) en fonction du temps t.
Si le nombre de points relevés est assez faible, on peut retranscrire ces positions (en m) à la main en Python sous forme de liste `y` puis constituer une liste de temps `t` (en s).
Ci-dessous un exemple de relevé de $N = 16$ points :

```
y = [0,-1.22E-2,-3.65E-2,-1.09E-1,-1.82E-1,-2.8E
    -1,-4.01E-1,-5.47E-1,-7.05E-1,-8.99E
    -1,-1.11,-1.35,-1.60,-1.88,-2.19,-2.49]
N = len(y)#nombre de valeurs
```

Chaque position est relevée toutes les 0,4 s, on constitue la liste de temps `t` :

```
t = [0.04*i for i in range(N)]#en s
```

On peut aussi constituer une liste avec les positions x prises par la balle, en remarquant qu'ici, $x = 0$ à chaque instant, puisqu'il s'agit d'une chute verticale :

```
x = [0. for i in range(N)]
```

Il suffit ensuite de tracer la trajectoire, à savoir $y = f(x)$, dont voici le code Python :

```
plt.plot(x,y,'+')#tracé avec des croix
plt.title ("Trajectoire␣:␣chute␣verticale␣d'une␣
    bille")#titre
plt.xlabel("Abscisse␣x␣(m)")#titre en abscisse
plt.ylabel("Ordonnée␣y␣(m)")#titre en ordonnée
plt.show()#affichage de la courbe
```

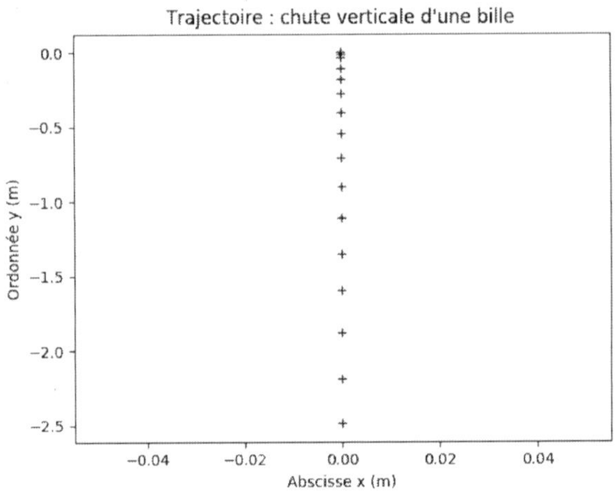

Fig. 02 Trajectoire

I.2 Tracé d'une loi horaire

On peut aussi tracer la loi horaire $y = f(t)$:

```
plt.plot(t,y,'+',label ='Valeurs experimentales')
plt.title ("Loi horaire")#titre
plt.xlabel("Abscisse t (s)")
plt.ylabel("Ordonnée y (m)")
plt.legend()#affiche une légende
plt.show()
```

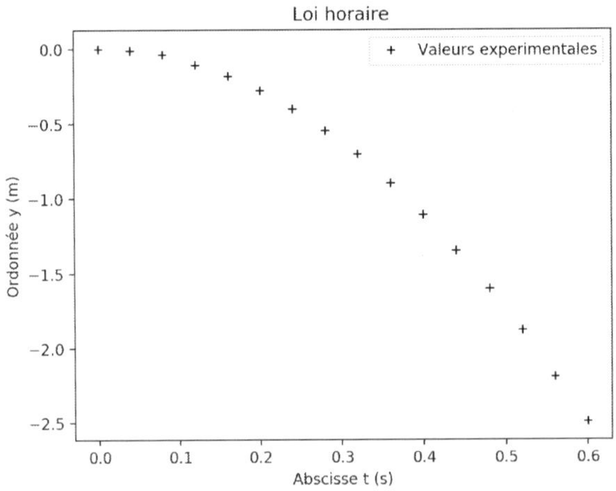

Fig. 03 Loi horaire

I.3 Modéliser une loi horaire

On peut superposer une modélisation du type $at^2 + bt + c$ à la loi horaire. On détermine les coefficients a, b, c grâce au module `polyfit` de numpy. La syntaxe est :

```
coefficients = np.polyfit(abscisse,ordonnee,ordre du modele)
```

Si on choisit un modèle de polynôme d'ordre 2, on peut calculer les coefficients a, b, c puis créer une liste de valeurs modélisées `y_mod` du type $y_{mod} = at^2 + bt + c$ (grâce aux coefficients calculés précédemment) :

```
a,b,c = np.polyfit(t,y,2) #coefficients
y_mod = [a*ti**2+b*ti+c for ti in t] #modèle
```

On superpose les valeurs expérimentales aux valeurs modélisées :

```
plt.plot(t,y,'+',label ='Valeurs experimentales')
plt.plot(t,y_mod,'-',label ='Modelisation du type 
    at^2+bt+c')#tracé en ligne continue
plt.title ("Loi horaire")
plt.xlabel("Abscisse t (s)")
plt.ylabel("Ordonnée y (m)")
plt.legend()#affiche la légende
plt.show()
```

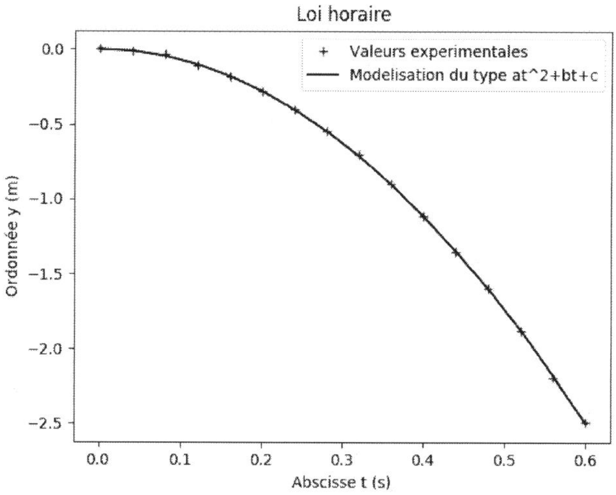

Fig. 04 Modélisation

Le modèle de polynôme d'ordre 2 était tout à fait adapté aux valeurs expérimentales.

II. Tracer des vecteurs vitesse (seconde)

Classe	Seconde
Thème	Mouvement et interactions
Notions et contenus	Vecteurs vitesse. Mouvement rectiligne.
Capacité numérique	Représenter des vecteurs vitesse d'un système modélisé par un point lors d'un mouvement à l'aide d'un langage de programmation.

II.1 Évaluation numérique de la vitesse

On reprend l'exemple de la chute libre précédente. On suppose les listes `y,t,x` définies comme précédemment. De même pour N. On va tracer les vecteurs vitesse et les superposer au tracé de la trajectoire abordée en *Fig. 02*.

Compétences

▷ Savoir évaluer une vitesse numériquement.

Pour calculer la vitesse instantanée en un point d'indice i notée $v[i]$, on utilise l'approximation suivante :

$$v[i] = \frac{y[i+1] - y[i]}{t[i+1] - t[i]}$$

> *Remarque : pour calculer $v[i]$, on a donc besoin des valeurs de position y (et de t) au rang $i+1$ ($y[i+1]$ et $t[i+1]$), aussi on ne peut pas calculer la vitesse associée au dernier point d'indice $N-1$ (car $y[N]$ et $t[N]$ ne sont pas définis). Cette notion sera abordée de nombreuses fois dans cet ouvrage.*

II.2 Tracé des vecteurs vitesse en 1D

Compétences

▷ Savoir tracer des vecteurs vitesse en une dimension.

On utilise une boucle **for** afin de tracer les flèches de vecteurs vitesse. On suppose la coordonnée v_x de la vitesse selon l'axe Ox nulle car le mouvement est purement vertical. La syntaxe pour le tracé de flèches est la suivante :

`plt.arrow`(position x du début flèche,position y du début flèche,vitesse vx,vitesse vy, `head_width=`taille de la tête de la flèche).

Ce qui donne :

```
for i in range(0,N-1):
    vx = 0
    vy = (y[i+1]-y[i])/(t[i+1]-t[i])
    plt.arrow(x[i],y[i],vx,vy/150,head_width
        =0.002)
```

Remarque : pour un affichage lisible, on a divisé la taille des flèches par 150.

On superpose la trajectoire :

```
plt.title ("Trajectoire 1D : vecteurs vitesse")
plt.xlabel("Abscisse x (m)")
plt.ylabel("Ordonnée y (m)")
plt.plot(x,y)
plt.show()
```

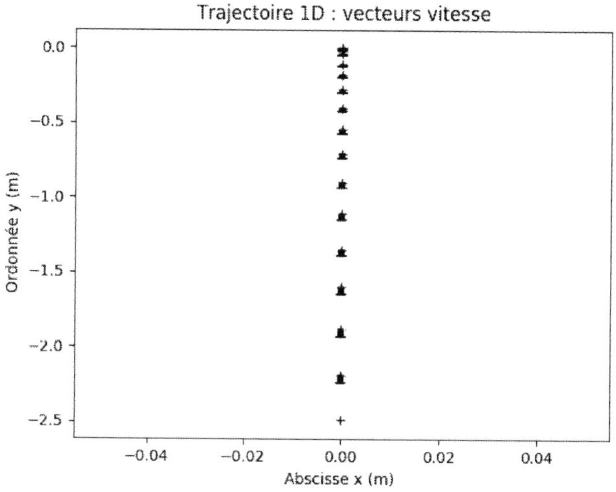

Fig. 05 Vecteurs vitesse 1D placés sur la trajectoire

Ce type de tracé aura plus d'intérêt en deux dimensions (voir paragraphe suivant).

III. Relier la variation du vecteur vitesse d'un système et la somme des forces appliquées (lycée)

Classe	Première
Thème	Mouvement et interactions
Notions et contenus	Lien entre la variation du vecteur vitesse d'un système modélisé par un point matériel entre deux instants voisins et la somme des forces appliquées sur celui-ci.
Capacité numérique	Utiliser un langage de programmation pour étudier la relation approchée entre la **variation du vecteur vitesse** d'un système modélisé par un point matériel entre deux instants voisins et la **somme des forces** appliquées sur celui-ci.

Ou bien encore au programme de terminale :

Classe	Terminale
Thème	Mouvement et interactions
Notions et contenus	Mouvement uniformément accéléré.
Capacité numérique	Représenter, à l'aide d'un langage de programmation, des **vecteurs accélération** d'un point lors d'un mouvement.

III.1 Tracé d'une trajectoire en 2D

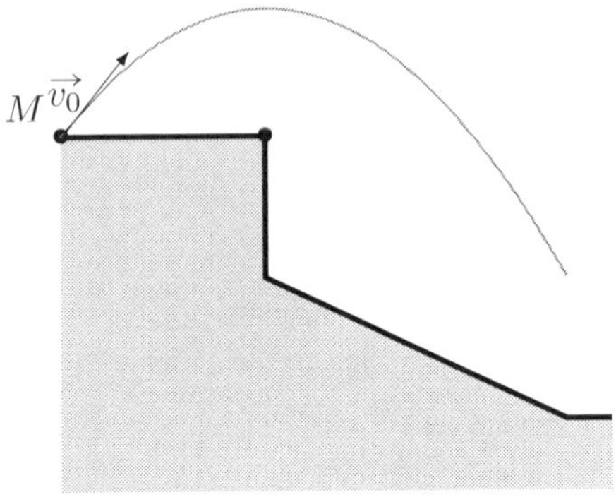

Fig. 06 Saut de pingouin

On s'intéresse à la trajectoire d'un objet lancé avec une vitesse initiale non nulle tel qu'un pingouin qui saute d'un iceberg (ou une balle que l'on lance). À l'aide d'un pointage (après analyse d'une vidéo), on relève les positions x et y toutes les 0,11 s. Cela nous donne trois listes :

```
x = [0.,0.28, 0.56, 0.85, 1.13, 1.41, 1.70, 1.98,
    2.26, 2.54]
y = [10.0, 10.22, 10.32, 10.30, 10.16, 9.90, 9.51,
     9.01, 8.39, 7.64]
```

```
t = [0.  , 0.11, 0.22, 0.33, 0.44, 0.55, 0.67,
   0.78, 0.89, 1.  ]
N = len(x)#nombre de valeurs
```

Compétences

▷ Savoir tracer une trajectoire en deux dimensions.

On peut ensuite tracer la trajectoire $y = f(x)$:

```
plt.plot(x,y,'+')#tracé avec des croix
plt.title ("Trajectoire␣2D")
plt.xlabel("Abscisse␣x␣(m)")
plt.ylabel("Ordonnée␣y␣(m)")
plt.show()
```

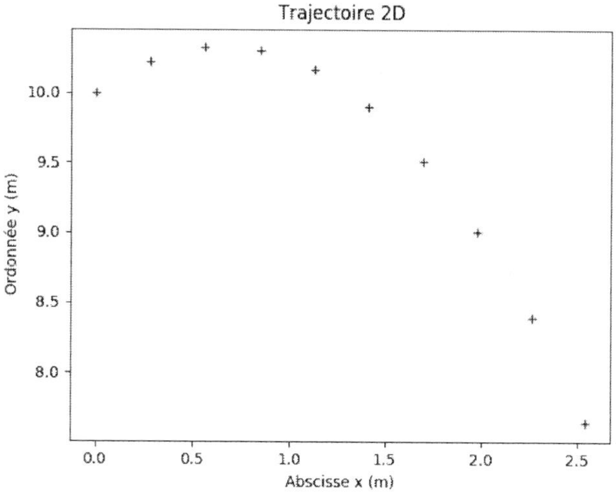

Fig. 07 Trajectoire 2D

III.2 Tracé des vecteurs accélération

On prend la liberté dans cet ouvrage d'appeler le vecteur variation de vitesse, le vecteur *accélération* (même si on ne parle pas explicitement de ce vecteur dans le programme de première).

Compétences

▷ Savoir évaluer numériquement une vitesse instantanée et une accélération instantanée.

On va superposer au tracé de la trajectoire, les vecteurs accélération à chaque point d'indice i. Pour cela on calcule tout d'abord les coordonnées de la vitesse selon l'axe des x, $v_x[i]$ et selon l'axe des y, $v_y[i]$ au point d'indice i comme vu précédemment :

$$v_x[i] = \frac{x[i+1] - x[i]}{t[i+1] - t[i]} \text{ et } v_y[i] = \frac{y[i+1] - y[i]}{t[i+1] - t[i]}$$

> *Remarque : on a vu dans le paragraphe précédent que pour calculer $v_x[i], v_y[i]$, on a besoin des valeurs de x, y et de t au rang $i+1$ ($x[i+1]$, $y[i+1]$ et $t[i+1]$), aussi on ne peut pas calculer la vitesse associée au dernier point d'indice $N-1$ (car $x[N]$, $y[N]$ et $t[N]$ ne sont pas définis).*

De la même manière, on calcule les coordonnées du vecteur accélération, soit $a_x[i]$ et $a_y[i]$:

$$a_x[i] = \frac{v_x[i+1] - v_x[i]}{t[i+1] - t[i]} \text{ et } a_y[i] = \frac{v_y[i+1] - v_y[i]}{t[i+1] - t[i]}$$

> *Remarque : même remarque, pour calculer $a_x[i], a_y[i]$, on a besoin des valeurs de $v_x[i+1]$, $v_y[i+1]$ et $t[i+1]$, aussi on ne peut pas calculer les coordonnées de l'accélération à l'indice $N-2$ (car $v_x[N-1]$, $v_y[N-1]$ ne sont pas définis).*

On constitue alors quatre listes pour v_x, v_y, a_x, a_y :

```
vx=[]
vy=[]
for i in range(0,N-1):
    vx.append((x[i+1]-x[i])/(t[i+1]-t[i]))
    vy.append((y[i+1]-y[i])/(t[i+1]-t[i]))

ax = []
ay = []
for i in range(0,N-2):
    ax.append((vx[i+1]-vx[i])/(t[i+1]-t[i]))
    ay.append((vy[i+1]-vy[i])/(t[i+1]-t[i]))
```

Compétences

▷ Savoir représenter des vecteurs accélération

On trace les composantes $a_x[i]$ et $a_y[i]$ (divisées par 10 par lisibilité) en chaque point d'indice i :

```
plt.plot(x,y,'+')#tracé avec des croix
for i in range(0,N-2):
    plt.arrow(x[i],y[i],ax[i]*0.1,ay[i]*0.1,
        head_width=0.05)
plt.title ("Trajectoire 2D")
plt.xlabel("Abscisse x (m)")
plt.ylabel("Ordonnée y (m)")
plt.show()
```

Le tracé donne :

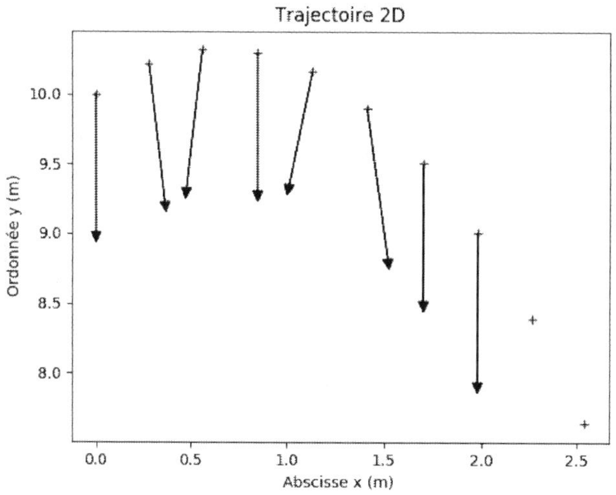

Fig. 08 Vecteurs $\vec{a}$

Le contenu du vecteur ay est le suivant :

```
[-9.917355371900909, -9.917355371900761,
    -9.917355371900909, -9.917355371900753,
    -8.05785123966949, -10.795454545454508,
    -9.917355371900761, -10.743801652892706]
```

Sa valeur moyenne peut être calculée avec l'instruction `np.sum(ay)/len(ay)` et donne $-9{,}90\,\mathrm{m \cdot s^{-2}}$.

III.3 Comparaison du vecteur accélération à l'accélération de pesanteur

Compétences

▷ Savoir comparer l'accélération en un point à l'accélération de pesanteur.

La valeur moyenne des composantes a_y du vecteur accélération semble proche de la valeur de l'accélération de pesanteur $g = 9{,}81\,\mathrm{m \cdot s^{-2}}$. Ceci est logique car le système pingouin étudié dans le référentiel terrestre n'est soumis qu'à son poids $\overrightarrow{P} = m\overrightarrow{g}$. Ainsi d'après la relation fondamentale de la dynamique (hors programme de première) appliquée au système pingouin dans le référentiel terrestre (supposé galiléen) :

$$m\overrightarrow{a} = m\overrightarrow{g} \text{ et } \overrightarrow{a} = \overrightarrow{g}$$

On peut donc superposer le tracé du vecteur accélération $\overrightarrow{a}$ et du vecteur accélérateur de la pesanteur $\overrightarrow{g} = -9,81\overrightarrow{e_y}$ (vecteur $\overrightarrow{e_y}$ vertical ascendant) à celui de la trajectoire :

```
plt.plot(x,y,'+')#trajectoire avec des croix
for i in range(0,N-2):#vecteurs accélération
    plt.arrow(x[i],y[i],ax[i]*0.1,ay[i]*0.1,
        head_width=0.05)
for i in range(0,N-2):#vecteur g
    plt.arrow(x[i],y[i],0,-9.81*0.1,head_width
        =0.05,linestyle=':')
plt.title ("Comparaison vecteurs a et g")
plt.xlabel("Abscisse x (m)")
plt.ylabel("Ordonnée y (m)")
```

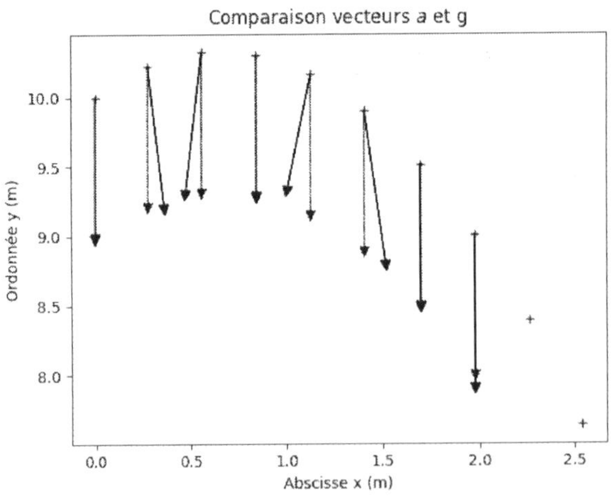

Fig. 09 Vecteurs $\overrightarrow{a}$ et $\overrightarrow{g}$

On a de nouveau tracé les vecteurs accélération en tenant compte de leurs composantes $a_x[i]$ et $a_y[i]$. Les composantes sont divisées par 10 par lisibilité. En chaque point d'indice i, les vecteurs accélération $\vec{a}$ sont proches du vecteur pesanteur $\vec{g}$ (qui lui est parfaitement vertical).

IV. Effectuer le bilan énergétique d'un système en mouvement (lycée)

Classe	Première
Thème	Aspects énergétiques des phénomènes mécaniques
Notions et contenus	**Énergie** mécanique. Conservation et non conservation de l'énergie mécanique. **Gain ou dissipation d'énergie**.
Capacité numérique	Utiliser un langage de programmation pour effectuer le bilan énergétique d'un système en mouvement.

Ou bien encore au programme de terminale :

Classe	Terminale
Thème	Mouvement et interactions : relier les actions appliquées à un système à son mouvement.
Notions et contenus	Mouvement dans un champ uniforme, aspects énergétiques
Capacité numérique	Représenter, à partir de données expérimentales variées, l'**évolution des grandeurs énergétiques** d'un système en mouvement dans un champ uniforme à l'aide d'un langage de programmation ou d'un tableur.

IV.1 Problème étudié : chute de bille amortie

On choisit un exemple de mouvement vertical rectiligne par simplicité. Par exemple une bille de masse $m = 0{,}1$ kg qui tombe dans de l'huile :

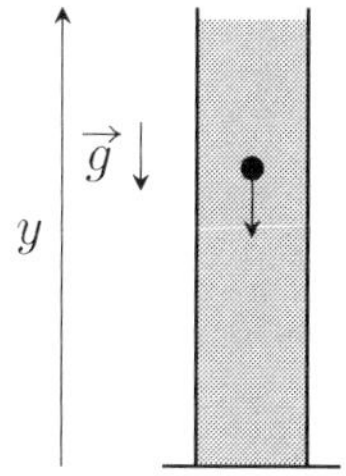

Fig. 010 chute de bille

Par chronophotographie, on effectue un pointage toutes les 0,04 s, on obtient des valeurs de position y (stockées cette fois sous forme de vecteur numpy : un *array*), on forme de même un array t contenant les valeurs de temps (mais le format liste suffirait) :

```
y=np.array([0,-0.0005,-0.011,-0.016,-0.027,-0.0464,
-0.0686,-0.0922,-0.116,-0.140,-0.164,-0.189,
-0.212,-0.235,-0.259,-0.284])
```

```
N = len(y)#nombre d'éléments de y
t =np.array([0.04*i for i in range(N)])
```

IV.2 Évaluation numérique de la vitesse

Compétences

▷ Savoir évaluer numériquement une vitesse instantanée.

Comme cela a été vu précédemment, on calcule la vitesse en chaque position de la bille, sauf la dernière. On place ces valeurs dans un array de $N-1$ valeurs.

```
vy = np.array([(y[i+1]-y[i])/(t[i+1]-t[i]) for i
    in range(N-1)])
```

IV.3 Bilan énergétique

Compétences

▷ Savoir calculer l'énergie cinétique, l'énergie potentielle, et l'énergie mécanique en un point.

Pour les tracés, il faudra des arrays ayant le même nombre d'éléments, aussi on supprime le dernier élément des arrays `y` et `t`. On a donc des arrays de $N-1$ éléments.

```
t = t[0:N-1]#suppression du dernier élément
y = y[0:N-1]#suppression du dernier élément
```

On peut alors calculer l'énergie cinétique $E_c = \frac{1}{2}mv_y^2$, l'énergie potentielle $E_p = mgy$ et l'énergie mécanique $E_m = E_c + E_p$:

```
m = 0.1
g = 9.81
Ec = 1/2*m*vy**2
Ep = m*g*y
Em = Ep + Ec
```

`Ec`, `Ep`, `Em` sont trois arrays de $N-1$ éléments.

IV.4 Tracé des trois types d'énergie dans le cas d'une chute amortie

On peut à présent tracer ces trois arrays en fonction du temps :

```
plt.plot(t,Ec,'+', label='Ec')
plt.plot(t,Ep,'o',label='Ep')
plt.plot(t,Em,'*',label='Em')
plt.title ("Bilan énergétique : chute bille amortie")
plt.xlabel("Temps (s)")
plt.ylabel("Energies : Ec, Ep, Em")
plt.legend()
plt.show()
```

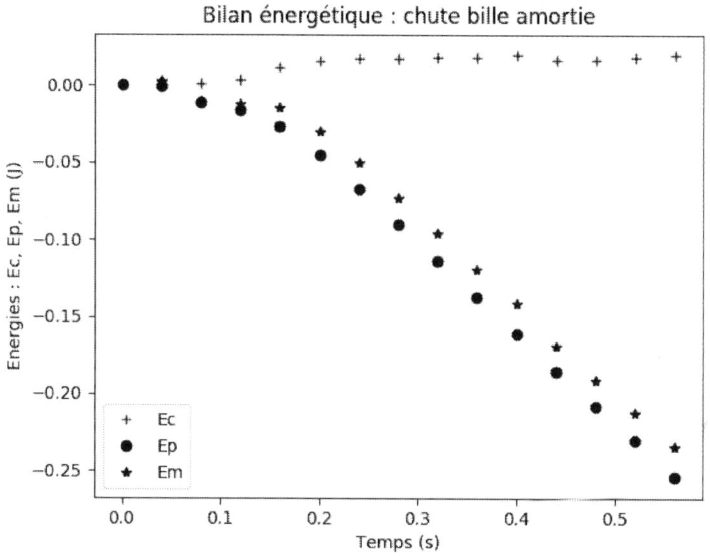

Fig. 011 Chute amortie

Ce tracé illustre le fait qu'au cours du mouvement l'énergie mécanique (elle correspond au tracé avec des *) ne se conserve pas. Une partie de l'énergie du système est dissipée sous forme de frottements dans le fluide huile. L'énergie cinétique augmente légèrement et l'énergie potentielle diminue.

IV.5 Bilans énergétiques avec et sans dissipation d'énergie

On peut reprendre l'analyse énergétique pour la chute d'une bille dans l'air (étudiée au paragraphe I, on suppose sa chute non amortie). En effet, sa vitesse est assez faible, son rayon aussi, elle subira peu de frottements dans l'intervalle de temps étudié. Avec le code développé au paragraphe IV et les données expérimentales du paragraphe I, on trace les courbes correspondant aux deux bilans énergétiques :

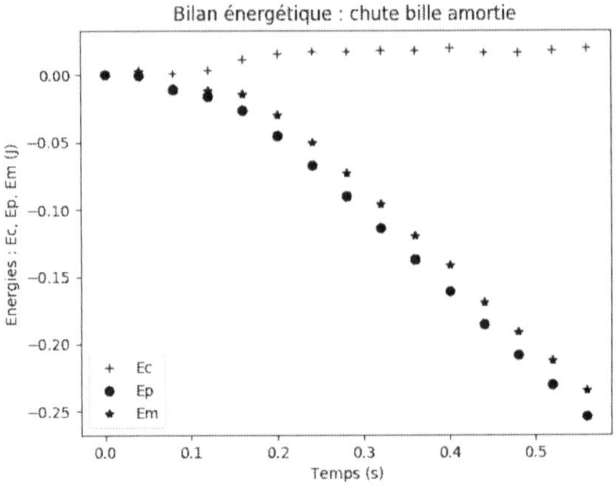

Fig. 012a Chute amortie

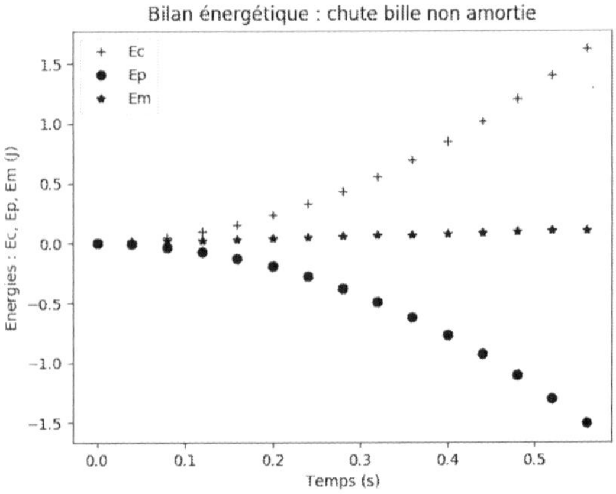

Fig. 012b Chute non amortie

On remarque alors qu'au cours d'une chute non amortie, l'énergie mécanique (tracé *Fig. 012b*) semble bien se conserver. Enfin... à peu de choses près car en regardant de près, l'énergie mécanique sur le tracé de droite croît légèrement : ce qui n'a pas de sens physique.

Compétences

▷ Connaitre la notion d'erreur numérique

Ces valeurs d'énergie mécanique légèrement croissantes sont dues à l'*erreur numérique* commise sur le calcul de la vitesse à chaque position i. Afin de diminuer cette erreur, il faudrait effectuer un pointage avec un pas de temps plus faible (cela revient à augmenter N).

V. Vérifier les lois de Kepler (terminale, MPII)

Classe	Terminale
Thème	Mouvement et interactions : relier les actions appliquées à un système à son mouvement.
Notions et contenus	Mouvement dans un champ de gravitation. Lois de Kepler.
Capacité numérique	Exploiter, à l'aide d'un langage de programmation, des données astronomiques ou satellitaires pour tester les deuxième et troisième lois de Kepler.

Classe	CPGE1 MPII
Thème	Mouvement et interactions
Notions et contenus	Mouvement dans un champ de gravitation newtonien. Mouvement des satellites, lois de Kepler.
Capacité numérique	Exploiter, à l'aide d'un langage de programmation, des données astronomiques ou satellitaires pour tester les deuxième et troisième lois de Kepler.

V.1 Les satellites de Jupiter

On étudie quelques satellites de Jupiter (ou lunes galiléennes) qui décrivent des trajectoires elliptiques autour de cette planète. Sur le site web *wikipedia.org*, on dispose des valeurs du demi-grand axe pour chaque trajectoire (en km) ainsi que de sa période (en jours) :

Nom du satellite	**Demi-grand axe a (km)**	**Période T (j)**
Io	421800	$1,77$
Europe	671100	$3,55$
Ganymède	1070400	$7,16$
Callisto	1882700	$16,69$

On se propose de vérifier la troisième loi de Kepler :

$$\frac{T^2}{a^3} = \text{cte} = \frac{4\pi^2}{GM_J}$$

Avec $G = 6{,}67 \cdot 10^{-11}\ \text{m}^3 \cdot \text{kg}^{-1} \cdot \text{s}^{-1}$ la constante gravitationnelle, cte, une constante et M_J, la masse de Jupiter en kg.

V.2 Tracé d'une droite afin de vérifier la troisième loi de Kepler

Pour cela, on saisit directement les valeurs de a (en km) puis de T (en j) dans des arrays :

```
a = np.array([421800,671100,1070400,1882700])
T = np.array([1.77,3.55,7.16,16.69])
```

On convertit les valeurs de période en secondes, ce, afin de faciliter l'exploitation par la suite.

```
T = T*24*3600#conversion en s
```

> *Remarque : on ne peut pas convertir à ce stade a en mètres car en l'élevant au cube par la suite, on observe sinon un dépassement de capacité (nombres trop élevés). Il existe des moyens afin de contourner ce problème, le plus simple reste de convertir en mètres plus tard.*

On calcule les arrays correspondant à a^3 et T^2 :

```
a3 = a**3
T2 = T**2
```

Compétences

- ▷ Vérifier une loi en comparant des données expérimentales à un modèle.
- ▷ Choisir un tracé adéquat.

On recherche un modèle d'équation du type $T^2 = \text{cte} \times a^3 + b_1$ (polynôme de degré 1) avec *polyfit* (vu dans le chapitre précédent). Les grandeurs cte, b_1 sont les constantes du modèle avec b_1 proche de zéro.

```
cte,b1 = np.polyfit(a3,T2,1)#polynome degré 1
T2_modele = cte*a3+b1#valeurs modélisées
```

On superpose les points expérimentaux au modèle :

```
plt.plot(a3,T2,'+', label ="valeurs expérimentales")
plt.plot(a3,T2_modele,'-',label = "modèle avec polyfit")
plt.title("Vérification de la 3eme loi de Kepler")
plt.xlabel("$a^3$ (km^3)")
plt.ylabel("$T^2$ (s^2)")
plt.legend()
plt.show()
```

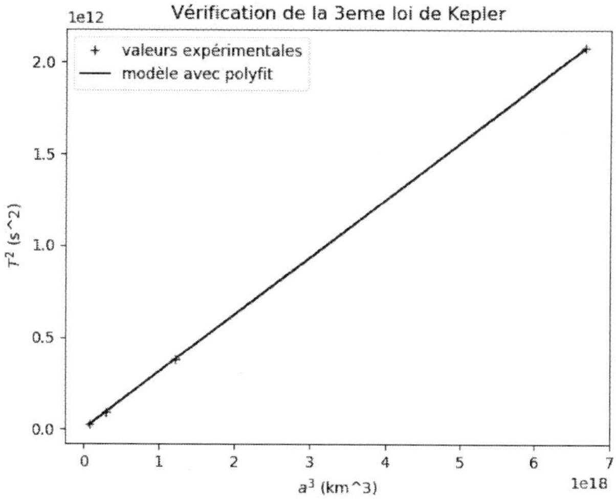

Fig. 013 Vérification de la 3-ième loi de Képler

> Remarque : *la valeur prise par l'ordonnée à l'origine est* `b1=131441232` *et donc ne vaut pas zéro. Cette valeur peut paraître très élevée, mais une fois les demi-grands axes ramenés en mètres, elle vaut* $b_1 = 0{,}13\,\mathrm{s}^2$ *et est bien négligeable devant les périodes orbitales mises en jeu.*

Les quatre points semblent bien alignés et appartiennent à la droite de modélisation donc la troisième loi de Kepler est plutôt bien vérifiée.

V.3 Calcul de la masse de Jupiter

Compétences

▷ Savoir exploiter un modèle

À partir du coefficient directeur cte de la droite modélisée, on peut calculer la masse de Jupiter. Soit :

$$M_J = \frac{4\pi^2}{G \times \text{cte}}$$

On prend soin de convertir cte en unité SI (les km sont convertis en m) :

```
cte = cte/1E9#conversion
G = 6.67E-11#SI
MTJ= 4*np.pi**2/(G*cte)
```

On obtient une masse de $M_J = 1{,}899 \cdot 10^{27}\,\text{kg}$ ce qui est tout à fait satisfaisant, la littérature indiquant une valeur de $M_J = 1{,}898 \cdot 10^{27}\,\text{kg}$.

VI. Exploiter une équation différentielle vérifiée par la vitesse dans le cas d'une force de frottement fluide (MPSI, PTSI, PCSI)

Classes	CPGE 1 : MPSI PTSI PCSI
Thème	Mouvement et interactions : lois de Newton.
Notions et contenus	Modèle d'une force de frottement fluide, influence de la résistance de l'air sur un mouvement de chute.
Capacité exigible	Exploiter, sans la résoudre analytiquement, une équation différentielle : analyse en ordres de grandeur, détermination de la vitesse limite, **utilisation des résultats obtenus par simulation numérique**.

Les programmes ne font pas apparaitre de capacité numérique relative à une force de frottement fluide, il est uniquement demandé d'analyser des résultats d'une *simulation numérique*. Une simulation sera proposée dans les paragraphes suivants.

VI.1 Problème de la chute du parachutiste... sans parachute

On s'intéresse à la chute d'un parachutiste à la sortie d'un avion. Il subit une force de frottement fluide due à l'air, notée $-kv\vec{v}$ où k est un coefficient de frottement. Le parachutiste est soumis aussi à son poids $m\vec{g}$. Son mouvement est considéré vertical selon un axe Oz. L'application du principe fondamental de la dynamique au système parachutiste étudié dans un référentiel terrestre supposé galiléen donne :

$$m\vec{g} - kv\vec{v} = m\vec{a}$$

En considérant une vitesse selon l'axe Oz, on obtient en projetant selon cet axe :

$$\frac{\mathrm{d}v_z}{\mathrm{d}t} + \frac{k}{m}{v_z}^2 = g$$

Cette équation différentielle, non linéaire nécessite l'utilisation d'une méthode numérique afin de la résoudre. On peut faire appel à la méthode d'Euler (voir chapitre 3). Pour cela, on réécrit l'équation différentielle sous la forme :

$$\frac{\mathrm{d}v_z}{\mathrm{d}t} = g - \frac{k}{m}{v_z}^2 \text{ avec } k = \frac{1}{2}\rho C_x S$$

On impose la constante $g = 9{,}81\,\mathrm{m}\cdot\mathrm{s}^{-2}$ ainsi que la masse du parachutiste $m =$ 80kg. De plus, on prendra $C_x = 0,45$, le coefficient de trainée valable pour une sphère (à laquelle on assimile le parachutiste sans parachute s'il se place en position fœtale). De même, la masse volumique de l'air est prise à $\rho = 1{,}2\,\mathrm{kg}\cdot\mathrm{m}^{-3}$. La surface extérieure de la demi-sphère qui subit les frottements se calcule comme suit : $S = 2\pi R^2$, avec un rayon d'environ $R = 0{,}4\,\text{m}$.

On peut avant la résolution, exprimer la vitesse théorique en régime stationnaire (ou **vitesse limite**) et la calculer :

$$v_{\text{lim}} = \sqrt{\frac{gm}{k}} = \sqrt{\frac{gm}{\frac{1}{2}\rho C_x S}} = 70\,\text{m}\cdot\text{s}^{-1}$$

VI.2 Résolution de l'équation différentielle en Python et tracé

On commence par importer les bibliothèques et définir les constantes :

```
import numpy as np #pour pi
import matplotlib.pyplot as plt # pour le tracé
m = 80#kg
Cx = 0.44#coefficient de trainée
g = 9.81#m.s-2
rho = 1.2#kg.m-3
R = 0.4#m
S = 2*np.pi*R**2#section de la demi-sphere
k = 0.5*rho*Cx*S
```

Compétences

▷ Faire appel à la méthode d'Euler pour résoudre une équation différentielle non linéaire d'ordre 1

On définit les fonctions nécessaires à la résolution (on pourrait aussi faire appel au solver `odeint` si on le souhaite) :

```
def F(v): #définition du terme de droite
    return g - k/m*v**2
```

```
def Euler(F,t0,tf,N,v0):
    valeurs_t = [t0]
    valeurs_v = [v0]
    h = (tf-t0)/(N-1)
    for i in range(N-1):
        valeurs_t.append(valeurs_t[i]+h)
        valeurs_v.append(valeurs_v[i]+h*F(
           valeurs_v[i]))
    return valeurs_t,valeurs_v
```

On initialise le problème et on résout :

```
v0 = 0#vitesse initiale
vlim = np.sqrt(g*m/k)#vitesse theorique en regime
    stationnaire
t0, tf = 0, 40#résolution pendant 40s
N = 100#nb de points de discrétisation
t, v_num = Euler(F,t0,tf,N,v0)#on résout
```

Compétences

▷ Savoir retrouver la vitesse limite

On effectue le tracé de la solution approchée numérique, on le superpose à la solution théorique en régime stationnaire :

```
v_thinf = [(g*m/k)**0.5 for tps in t]
plt.title("Chute d'un parachutiste sans parachute"
    )
plt.plot(t,v_num,'k+',label="v numérique")
plt.plot(t,v_thinf,'k-',label="v théorique en
    regime stationnaire")
plt.xlabel("Temps (s)")
plt.ylabel("vitesse (m.s-1)")
plt.grid(True)
plt.legend()
plt.show()
```

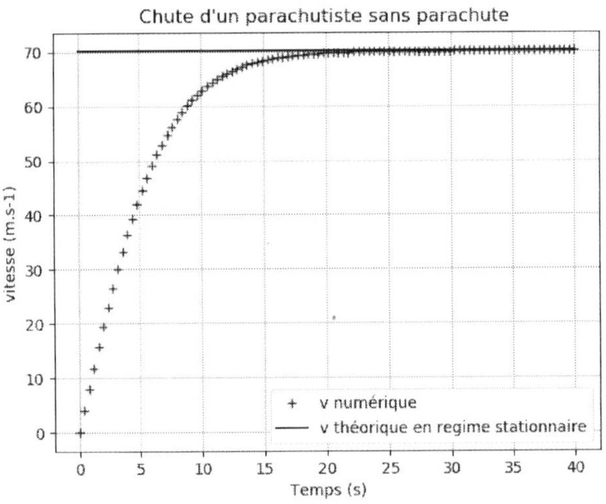

Fig. 014 Vitesse de chute d'un parachutiste sans parachute

La résolution numérique est tout à fait satisfaisante. Le régime stationnaire est atteint en quelques secondes et la valeur théorique de la vitesse en régime stationnaire, v_{lim}, est confirmée.

VII. Résoudre une équation différentielle du deuxième ordre non-linéaire et faire apparaitre l'effet des termes non-linéaires (MPSI, MPII, PTSI, PCSI)

Classes	CPGE 1 : MPSI MPII PTSI PCSI
Thème	Mouvement et interactions : approche énergétique du mouvement d'un point matériel.
Notions et contenus	Énergie mécanique, mouvement conservatif à une dimension, positions d'équilibre, stabilité.
Capacité numérique	Résoudre à l'aide d'un langage de programmation, une équation différentielle du deuxième ordre non-linéaire et faire apparaitre l'effet des termes non-linéaires.

VII.1 Problème du pendule simple

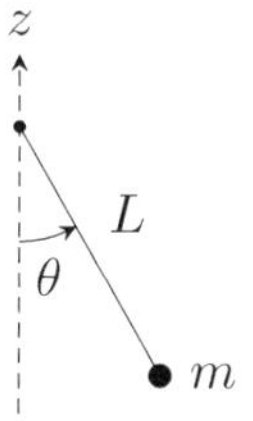

Dans le cadre de la mécanique du point, on s'intéresse à une masse attachée au bout d'un fil tendu. On assimile cette masse m à un point matériel M. On se place en référentiel galiléen. On néglige les frottements. L'application du théorème de l'énergie cinétique ou de l'énergie mécanique permet d'établir l'équation du mouvement :

$$\ddot{\theta} = -\frac{g}{L}\sin\theta \text{ (E1)}$$

Avec θ l'angle par rapport à la verticale, m la masse du pendule, $g = 9{,}81\,\text{m}\cdot\text{s}^{-2}$ l'accélération de la pesanteur et $L = 30\,\text{cm}$ la longueur du fil.

Comme on ne sait résoudre (de manière approchée) que des équations différentielles du premier ordre avec Python, on transforme cette équation différentielle du second ordre en deux équations différentielles du premier ordre :

$$\frac{\mathrm{d}\theta}{\mathrm{d}t} = \dot{\theta} \text{ (1)}$$

$$\frac{\mathrm{d}\dot{\theta}}{\mathrm{d}t} = -\frac{g}{L}\sin\theta \text{ (2)}$$

Les deux variables dépendant du temps sont donc : θ et $\dot{\theta}$. Les deux termes de « droite » de ce couple d'équations différentielles peuvent être réunis dans une liste :

$$[\dot{\theta}, -\frac{g}{L}\sin\theta]$$

Le terme $\sin\theta$ est un terme *non linéaire*. On va résoudre ce couple d'équations différentielles sur un intervalle de temps d'une durée de $\Delta t = 5\,\mathrm{s}$ pour chacun des jeux de conditions initiales suivants (valables donc en $t = 0\mathrm{s}$) :

$$[\theta_0, \dot{\theta}_0] = \left[\frac{\pi}{4}, 0\right] \quad \text{ou} \quad \left[\frac{\pi}{20}, 0\right]$$

VII.2 Approximation des petits angles : linéarisation du problème

Dans le cadre de l'approximation des petits angles, l'équation différentielle non linéaire (E1) peut être linéarisée. En effet $\sin\theta \simeq \theta$ et l'équation (E1) devient :

$$\ddot{\theta} = -\frac{g}{l}\theta \text{ (E2)}$$

Cette équation différentielle, certes linéaire, est à nouveau du second ordre. Aussi, afin de résoudre de manière approchée, on doit procéder comme dans le paragraphe précédent, à savoir la décomposer en deux équations différentielles du premier ordre :

$$\frac{\mathrm{d}\theta}{\mathrm{d}t} = \dot{\theta} \text{ (1)}$$

$$\frac{\mathrm{d}\dot{\theta}}{\mathrm{d}t} = -\frac{g}{L}\theta \text{ (2)}$$

Les deux variables dépendant du temps sont toujours : θ et $\dot{\theta}$. Les deux termes de « droite » de ce couple d'équations différentielles peuvent être réunis dans une nouvelle liste : $[\dot{\theta}, -\frac{g}{L}\theta]$

On garde les mêmes conditions initiales que dans le paragraphe précédent. L'intervalle de temps de l'étude restera le même.

VII.3 Résolution approchée avec odeint

On va résoudre de manière approchée les équations (E1) et (E2) et comparer les résultats de simulations pour les deux jeux de conditions initiales. On commence par importer les bibliothèques et définir les constantes :

```
import numpy as np
from scipy.integrate import odeint
import matplotlib.pyplot as plt # pour le tracé
N = 100#100 points de discrétisation
g = 9.81#en m.s-2
L = 0.3#m
t0 = 0
tf = 5#étude sur 5s
t = np.linspace(t0,tf,N)#intervalle de temps
```

Compétences

▷ Savoir effectuer une résolution numérique avec odeint

Puis on crée deux fonctions afin de définir les deux termes de « droite » des systèmes d'équations à résoudre :

```
def E1(y,t):
    """Equation non linéaire"""
    theta = y[0]
    thetaprim = y[1]
    return np.array([thetaprim,-g/L*np.sin(theta)])

def E2(y,t):
    """Equation linéarisée"""
    theta = y[0]
    thetaprim = y[1]
    return np.array([thetaprim,-g/L*theta])
```

Compétences

▷ Savoir tracer le résultat d'une résolution numérique

On résout ci-dessous pour le lot de conditions initiales : $[\theta_0, \dot{\theta}_0] = [\frac{\pi}{4}, 0]$

```
y0 = [np.pi/4,0]#theta_0, theta prim_0
sol_E1 = odeint(E1, y0, t)#on résout E1
sol_E2 = odeint(E2, y0, t)#on résout E2
theta_E1 = sol_E1[:,0]#theta en colonne 0
theta_E2 = sol_E2[:,0]#theta en colonne 0
```

On superpose le tracé des deux résolutions approchées :

```
plt.title("Solution numerique du pendule simple $theta_0=\pi/4$")
plt.plot(t,theta_E1,"k-",label="Modèle non linéaire E1")#tracé de theta pour l'éq E1
plt.plot(t,theta_E2,"k+",label="Modèle linéaire E2")#tracé de theta pour l'éq E2
plt.grid(True)
plt.xlabel("Temps (s)")
plt.ylabel("Theta (rad)")
plt.legend()
plt.show()
```

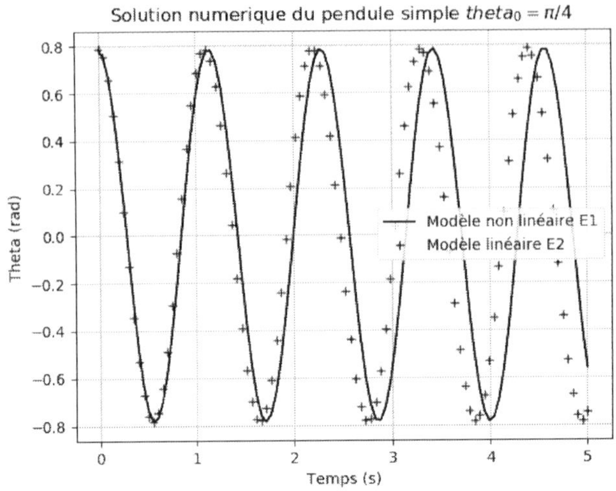

Fig. 015 Oscillations du pendule simple pour $\theta_0 = \frac{\pi}{4}$

Pour $\theta_0 = \frac{\pi}{4}$ le modèle linéarisé (E2) ne semble pas adéquat : les modèles (E1) et (E2) donnent des courbes assez éloignées. On peut reprendre les mêmes résolutions et tracés pour $\theta_0 = \frac{\pi}{20}$:

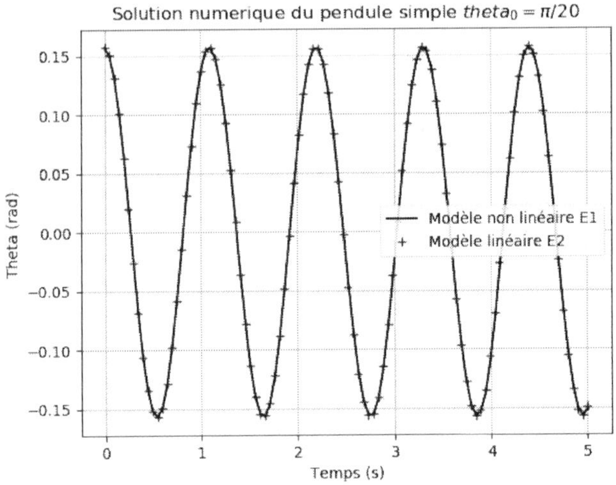

Fig. 016 Oscillations du pendule simple pour $\theta_0 = \frac{\pi}{20}$

Pour des valeurs de position initiale θ_0 faible, l'équation différentielle (E1) peut donc être linéarisée : en effet les modèles (E1) et (E2) donnent des courbes presque identiques.

VIII. Mettre en évidence le non-isochronisme des oscillations du pendule pesant (MPSI, PTSI, PCSI)

Classes	CPGE 1 : MPSI PTSI PCSI
Thème	Mouvement et interactions : mouvement d'un solide.
Notions et contenus	Pendule pesant
Capacité numérique	À l'aide d'un langage de programmation, mettre en évidence le non-isochronisme des oscillations.

VIII.1 Problème du pendule pesant

On s'intéresse à présent à un pendule pesant qui ne subit pas de frottements. L'application du théorème du moment cinétique permet, dans un référentiel galiléen, de décrire le mouvement par l'équation différentielle suivante :

$$J\ddot{\theta} = -mgL\sin\theta$$

Avec θ l'angle par rapport à la verticale, J le moment d'inertie par rapport à l'axe rotation, m la masse du pendule, g l'accélération de la pesanteur et L la distance séparant son centre d'inertie de l'axe de rotation. Pour simplifier le problème, on écrira l'équation différentielle comme suit :

$$\ddot{\theta} = -\sin\theta$$

Ceci revient à une des équations étudiées lors du mouvement du pendule en mécanique du point (l'équation (E1) vue dans le paragraphe précédent).

Comme cela a été vu dans le paragraphe VII, on ne sait résoudre que des équations différentielles du premier ordre avec Python, aussi on transforme cette équation différentielle du second ordre en deux équations différentielles du premier ordre :

$$\frac{\mathrm{d}\theta}{\mathrm{d}t} = \dot{\theta} \ (1)$$

$$\frac{\mathrm{d}\dot{\theta}}{\mathrm{d}t} = -\sin\theta \ (2)$$

Les deux variables dépendant du temps sont donc : θ et $\dot{\theta}$. Les deux termes de « droite » de ce couple d'équations différentielles peuvent être réunis dans une liste : $[\dot{\theta}, -\sin\theta]$.

On va résoudre, de manière approchée, ce couple d'équations différentielles pour les trois conditions initiales suivantes (valables donc en $t = 0$ s) :

$$[\theta_0, \dot{\theta}_0] = \left[\frac{\pi}{4}, 0\right] \text{ ou } \left[\frac{3\pi}{4}, 0\right] \text{ ou encore } \left[\frac{\pi}{2}, 0\right]$$

VIII.2 Résolution approchée avec odeint

On commence par importer les bibliothèques et définir les constantes :

```
import numpy as np
from scipy.integrate import odeint #pour la résolution
import matplotlib.pyplot as plt # pour le tracé
N = 1000#nombre de points de discrétisation
t0,tf = 0,50#simulation sur 50s
t = np.linspace(t0,tf,N)#array de N valeurs de temps
val_theta0 = np.linspace(np.pi/4,np.pi/2,3) #array de valeurs initiales d'angle theta
```

Compétences

▷ Savoir effectuer une résolution numérique avec odeint

Puis on crée une fonction afin de définir les deux termes de « droite » du système d'équations à résoudre (les équations (1) et (2)) :

```
def F(y,t):
    theta = y[0] #variable theta
    thetaprim = y[1] #variable theta prim
    return np.array([thetaprim,-np.sin(theta)])
```

Compétences

▷ Savoir tracer le résultat d'une résolution numérique

On démarre le tracé et on résout pour chaque lot de conditions initiales :

```
plt.title("Solution numerique du pendule pesant")

for i in val_theta0:
    y0 = [i,0]#conditions initiales
    sol = odeint(F, y0, t)#on résout
    theta = sol[:,0]#theta en colonne 0
    plt.plot(t,theta)#tracé de theta
plt.grid(True)
plt.xlabel("Temps (s)")
plt.ylabel("Theta (rad)")
plt.show()
```

Cela donne :

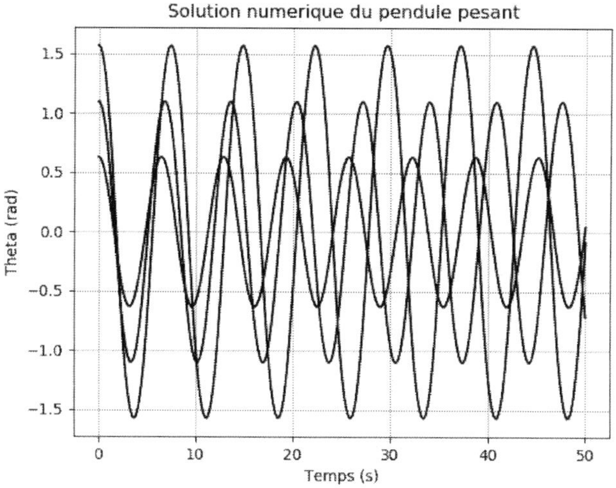

Fig. 017 Oscillations du pendule pesant pour trois positions initiales différentes

On constate que la période T des oscillations dépend de la position initiale θ_0 : plus θ_0 est grand, plus la période T est élevée. On parle de non isochronisme des oscillations.

IX. Obtenir une trajectoire d'un point matériel soumis à un champ de force centrale conservatif (MPSI, PTSI, PCSI)

Classes	CPGE 1 : MPSI PTSI PCSI
Thème	Mouvement et interactions : mouvements dans un champ de force centrale conservatif.
Notions et contenus	Point matériel soumis à un champ de force centrale conservatif.
Capacité numérique	À l'aide d'un langage de programmation, obtenir des trajectoires d'un point matériel soumis à un champ de force centrale conservatif.

IX.1 Trajectoire d'une planète dans le système solaire

On va étudier le mouvement d'une planète dans le système solaire, le Soleil est considéré fixe au point O (voir *Fig. 018*). On se place dans le référentiel héliocentrique. Les planètes subissent une force centrale de la part du soleil. On admet que les planètes décrivent autour du Soleil une trajectoire elliptique dont le Soleil est un des foyers.

En coordonnées polaires, les coniques sont décrites par une équation de la forme :

$$r(\theta) = \frac{p}{1 + e\cos\theta}$$

où e est l'excentricité de la conique et $p > 0$ est le paramètre de la conique et décrit qualitativement sa taille. Pour une ellipse, l'excentricité vérifie : $0 < e < 1$.

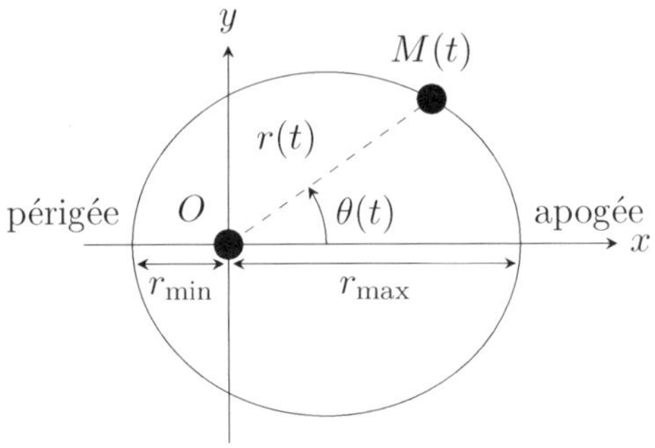

Fig. 018 Trajectoire elliptique d'une planète

IX.2 Tracé d'une trajectoire en coordonnées polaires

On se propose de tracer l'ellipse d'équation :

$$r(\theta) = \frac{1,5}{1 + 0,5\cos\theta}$$

Pour cela on importe les bibliothèques nécessaires puis on définit un array pour les valeurs de θ allant de 0 à 2π et l'array de valeurs de r correspondant :

```
import matplotlib.pyplot as plt
import numpy as np
theta = np.linspace(0, 2 * np.pi, 100)#100 valeurs
r = 1.5 / (1 - 0.5*np.cos(theta))#rayon de courbure
```

Pour le tracé de l'ellipse, il faut mettre les axes en coordonnées polaires, pour cela on doit ajouter l'option `projection='polar'` :

```
fig = plt.figure()#création d'une figure
ax = fig.add_subplot(111, projection='polar')#passage en polaires
```

On peut ensuite tracer et indiquer des valeurs de θ et de r sur le graphique :

```
ax.plot(theta,r)#tracé de l'ellipse
ax.set_xticks(np.arange(0,2.0*np.pi,np.pi/6.0))#valeurs de theta
ax.set_yticks(np.arange(0,4,1.0))#valeurs de r
plt.show()
```

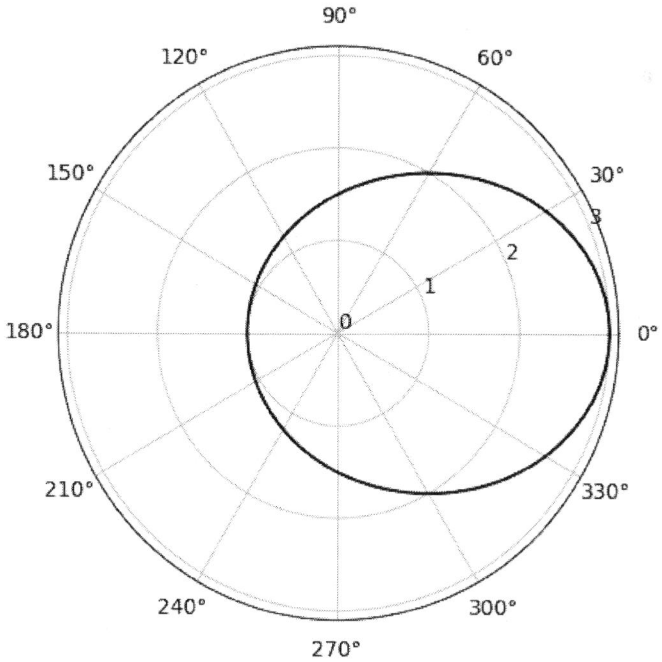

Fig. 019 Tracé d'une trajectoire d'une planète en coordonnées polaires

IX.3 Tracé de plusieurs trajectoires en coordonnées polaires

On souhaite visualiser l'influence des paramètres p et e. Aussi, on va tracer les trajectoires correspondant aux équations :

$$r_1(\theta) = \frac{1,5}{1 + 0,5\cos\theta} \qquad r_2(\theta) = \frac{2}{1 + 0,5\cos\theta} \qquad r_3(\theta) = \frac{1,5}{1 + 0,7\cos\theta}$$

Le principe des tracés est tout à fait identique au précédent et le code donne :

```
theta = np.linspace(0, 2 * np.pi, 100)#100 valeurs
r1 = 1.5 / (1 - 0.5*np.cos(theta))#ellipse 1
r2 = 2 / (1 - 0.5*np.cos(theta))#ellipse 2
r3 = 1.5 / (1 - 0.7*np.cos(theta))#ellipse 3
fig = plt.figure()
ax = fig.add_subplot(111, projection='polar')
ax.plot(theta,r1,'-',label='r1')#tracé ellipse 1
ax.plot(theta,r2,'--',label='r2')#tracé ellipse 2
ax.plot(theta,r3,'+',label='r3')#tracé ellipse 3
ax.set_xticks(np.arange(0,2.0*np.pi,np.pi/6.0))
ax.set_yticks(np.arange(0,5,1.0))valeurs de r
ax.legend()#affichage d'une légende
plt.show()
```

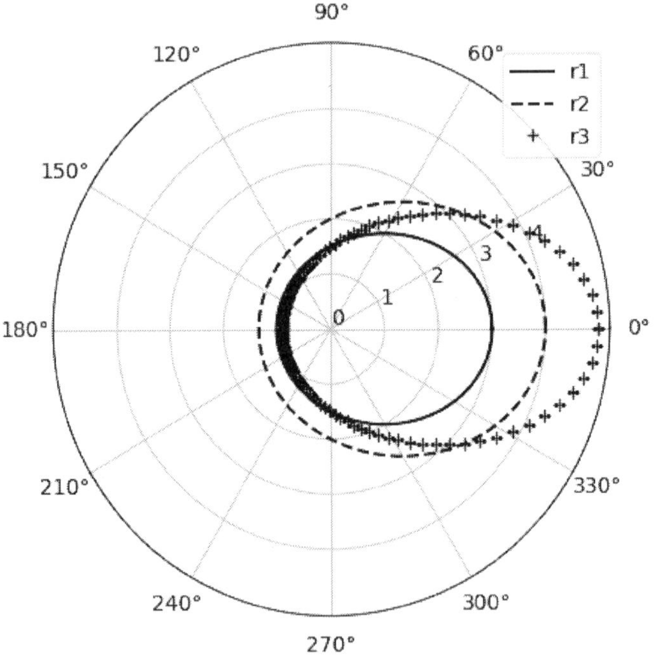

Fig. 020 Tracé de plusieurs trajectoires d'une planète

Chapitre 6.
Ondes et signaux

Plan du chapitre

I. Représenter un signal périodique (première) 80

I.1 Tracé d'un signal sinusoïdal 80

I.2 Influence de l'amplitude 81

I.3 Influence de la période 82

II. Représenter la somme de deux signaux périodiques (terminale) 83

II.1 Superposition de deux ondes en opposition de phase 83

II.2 Superposition de deux ondes avec un déphasage nul 84

II.3 Superposition de deux ondes avec un déphasage quelconque 85

III. Visualiser le point de fonctionnement d'un circuit (CPGE1) 87

III.1 Problème étudié 87

III.2 Tracé des caractéristiques des deux dipôles : recherche approximative du point de fonctionnement 88

III.3 Recherche du point de fonctionnement avec une méthode numérique ... 89

IV. Simuler la réponse d'un système linéaire du premier ordre à une excitation de forme quelconque (MPSI, MPII, PTSI, PCSI) 90

IV.1 Problème étudié 90

IV.2 Résolution numérique approchée à l'aide de la méthode d'Euler 91

V. Simuler la réponse d'un système linéaire du deuxième ordre à une excitation de forme quelconque (MPII) 94

V.1 Problème étudié : circuit RLC en régime libre 94

V.2 Résolution approchée avec odeint : étude des différents régimes 95

VI. Simuler l'action d'un filtre sur un signal périodique (MPSI, MPII, PTSI, PCSI) 98

VI.1 Filtre passe-haut 98

VI.2 Tracé du signal d'entrée 99

VI.3 Tracé du signal de sortie 100

I. Représenter un signal périodique (première)

Classe	Première
Thème	Ondes et signaux : ondes mécaniques
Notions et contenus	Ondes mécaniques périodiques. Ondes sinusoïdales.
Capacité numérique	Représenter un signal périodique et illustrer l'influence de ses caractéristiques (période, amplitude) sur sa représentation.

On s'intéresse à un signal mécanique tel que l'altitude de l'eau en surface de la mer : celle-ci subit des variations. On modélise la variation de l'altitude de l'eau par un signal du type $y = A\sin(\omega t + \phi)$. On note A, l'amplitude du signal en m, ω la pulsation en $\mathrm{rad} \cdot \mathrm{s}^{-1}$, ϕ la phase initiale en rad.

I.1 Tracé d'un signal sinusoïdal

Compétences

▷ Savoir tracer un graphique.

On effectue un premier tracé de $y = \sin(\omega t)$ sur un intervalle de temps $[0, 5\pi]$ avec une pulsation $\omega = 1\,\mathrm{rad} \cdot \mathrm{s}^{-1}$. Pour cela, on importe les bibliothèques, on constitue un array avec les valeurs de temps, puis un array contenant les valeurs d'altitude y :

```
import numpy as np#pour le sinus et linspace
import matplotlib.pyplot as plt #pour le tracé
t = np.linspace(0,5*np.pi,500)#500 valeurs de t
y = np.sin(t)#array des valeurs de y
plt.plot(t,y)#on trace y en fonction de t
plt.title ("Signal sinusoidal")
plt.xlabel("Abscisse t (s)")
plt.ylabel("Ordonnée y (m)")
plt.show()
```

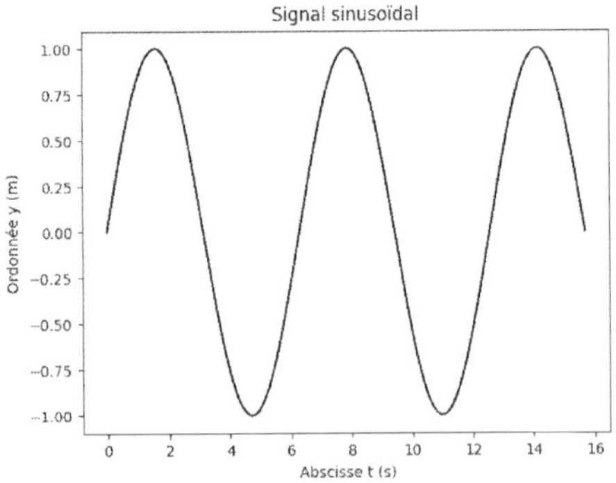

Fig. 01 Tracé d'un signal sinusoïdal

I.2 Influence de l'amplitude

Compétences

▷ Savoir superposer deux signaux.

On considère à présent deux valeurs d'amplitude $A_1 = 1\,\text{m}$ et $A_2 = 2\,\text{m}$ et on crée les deux signaux correspondant :

```
t = np.linspace(0,5*np.pi,500)#500 valeurs de
    temps
y = np.sin(t)#array si A1=1
y2 = 2*np.sin(t)#array si A2=2
```

On superpose les deux tracés dans une même fenêtre :

```
plt.plot(t,y,'k-',label="Amplitude Y=1m")
plt.plot(t,y2,'k+',label="Amplitude Y=2m")
plt.title ("Signal sinusoidal : influence de l'
    amplitude")
plt.xlabel("Abscisse t (s)")
plt.ylabel("Ordonnée y (m)")
plt.legend()
plt.show()
```

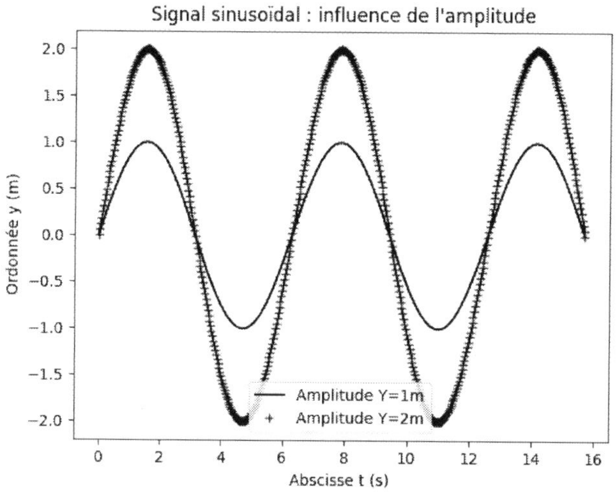

Fig. 02 Influence de l'amplitude

On remarque que les valeurs maximales et minimales des deux signaux sont différentes.

I.3 Influence de la période

Compétences

▷ Savoir superposer deux signaux.

On sait que la période est reliée à la pulsation comme suit : $T = \dfrac{2\pi}{\omega}$

Ainsi si on choisit $\omega_1 = 1\,\text{rad}\cdot\text{s}^{-1}$ et $\omega_2 = 0{,}5\,\text{rad}\cdot\text{s}^{-1}$, cela revient à prendre deux valeurs de période T différentes : $T_1 = 2\pi\,\text{s}$ et $T_2 = 4\pi\,\text{s}$. On crée les deux signaux correspondant :

```
t = np.linspace(0,5*np.pi,500)
y = np.sin(t)#T1=2pi
y2 = np.sin(t/2)#T2=4pi
```

On superpose les deux tracés dans une même fenêtre :

```
plt.plot(t,y,'-',label="Periode = 2pi")
plt.plot(t,y2,'+',label="Periode = 4pi")
plt.title ("Signal sinusoidal : influence de la pé
    riode")
plt.xlabel("Abscisse t (s)")
plt.ylabel("Ordonnée y (m)")
plt.legend()
```

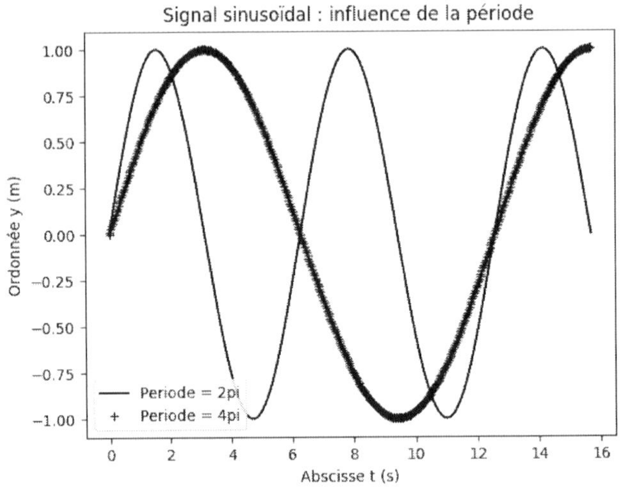

Fig. 03 Influence de la période

On peut lire directement les valeurs des périodes et vérifier qu'elles sont bien différentes.

II. Représenter la somme de deux signaux périodiques (terminale)

Classe	Terminale
Thème	Ondes et signaux : caractériser les phénomènes ondulatoires
Notions et contenus	Interférences de deux ondes lumineuses, conditions d'interférences constructives ou destructives.
Capacité numérique	Représenter, à l'aide d'un langage de programmation, la somme de deux signaux sinusoïdaux périodiques synchrones en faisant varier la phase à l'origine de l'un des deux.

On s'intéresse ici à l'étude de deux signaux mécaniques : on peut imaginer la surface de l'eau qui est sujette à plusieurs signaux sinusoïdaux dus au passage de bateaux à moteur par exemple. On modélise toujours la variation de l'altitude par un signal du type $y = A\sin(\omega t + \phi)$, avec A, l'amplitude du signal en m, ω la pulsation en $\mathrm{rad} \cdot \mathrm{s}^{-1}$, ϕ la phase initiale en rad.

II.1 Superposition de deux ondes en opposition de phase

On effectue l'étude sur un intervalle de temps de $[0, 2\pi]$. On s'intéresse à deux signaux synchrones en opposition de phase : $y_1 = A\sin\omega t$ et $y_2 = A\sin(\omega t + \pi)$. On prend $A = 1\,\mathrm{m}$.

Compétences

▷ Savoir superposer plusieurs signaux sur un même graphique.

On suppose les bibliothèques importées. Puis, on constitue un array avec les valeurs de temps. Puis deux arrays contenant les valeurs d'altitude y_1 et y_2 :

```
t = np.linspace(0,2*np.pi,50)
y1 = np.sin(t)
y2 = np.sin(t+np.pi)
```

On trace $y_1, y_2, y_1 + y_2$ en fonction de t :

```
plt.plot(t,y1,'-',label="Signal y1=sin(t)")
plt.plot(t,y2,'*',label="Signal y2=sin(t+pi) : dé
    phasage pi")
plt.plot(t,y1+y2,'+',label="Somme y1+y2")
plt.title ("Somme de deux signaux synchrones en 
    opposition de phase")
plt.xlabel("Abscisse t (s)")
plt.ylabel("y1, y2 (m)")
plt.legend()
plt.show()
```

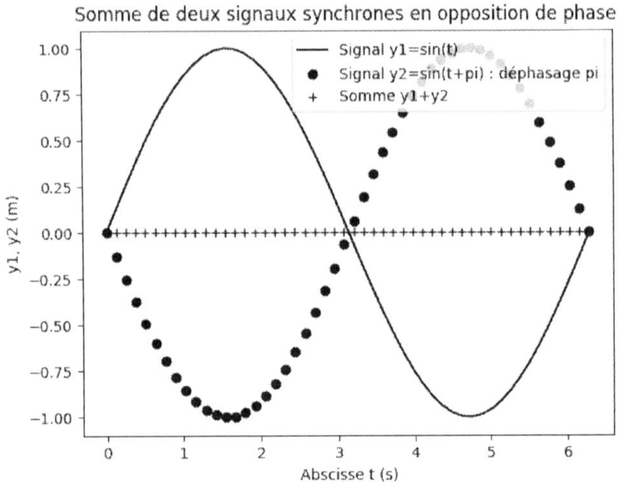

Fig. 04 Interférences destructives

On observe que la somme de deux signaux synchrones, de même amplitude, en opposition de phase est nulle. Il y a un phénomène d'interférences parfaitement destructives.

II.2 Superposition de deux ondes avec un déphasage nul

On effectue à nouveau l'étude sur un intervalle de temps de $[0, 2\pi]$. On s'intéresse à deux signaux synchrones avec un déphasage nul : $y_1 = A \sin \omega t$ et $y_2 = A \sin \omega t$. On prend $A = 1\,\mathrm{m}$.

Compétences

▷ Savoir superposer plusieurs signaux sur un même graphique.

Pour cela, on constitue à nouveau un array avec les valeurs de temps. Puis deux arrays (identiques) contenant les valeurs d'altitude y_1 et y_2 :

```
t = np.linspace(0,2*np.pi,50)
y1 = np.sin(t)
y2 = np.sin(t)
```

On trace $y_1, y_2, y_1 + y_2$ en fonction de t :

```
plt.plot(t,y1,'-',label="Signal y1=sin(t)")
plt.plot(t,y2,'o',label="Signal y2=sin(t) : dé
    phasage nul")#tracé avec des 'o'
```

```
plt.plot(t,y1+y2,'+',label="Somme y1+y2")
plt.title ("Somme de deux signaux synchrones en phase")
plt.xlabel("Abscisse t (s)")
plt.ylabel("y1, y2 (m)")
plt.legend()
plt.show()
```

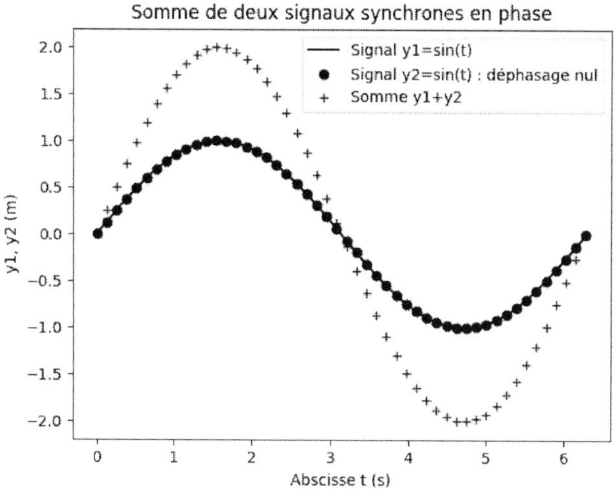

Fig. 05 Interférences constructives

On observe que les tracés y_1 et y_2 sont superposés sur le graphique : en effet ils sont identiques. On remarque aussi que la somme de deux signaux synchrones, de même amplitude, en phase possède une amplitude $A_{somme} = 2A$. Elle est deux fois supérieure à l'amplitude du signal de départ. Il y a un phénomène d'interférences parfaitement constructives.

II.3 Superposition de deux ondes avec un déphasage quelconque

On s'intéresse cette fois à deux signaux synchrones avec un déphasage quelconque : $y_1 = A \sin \omega t$ et $y_2 = A \sin(\omega t + \pi/3)$. On prend $A = 1\,\mathrm{m}$.

La démarche est tout à fait identique à celle développée dans les deux derniers paragraphes. On obtient :

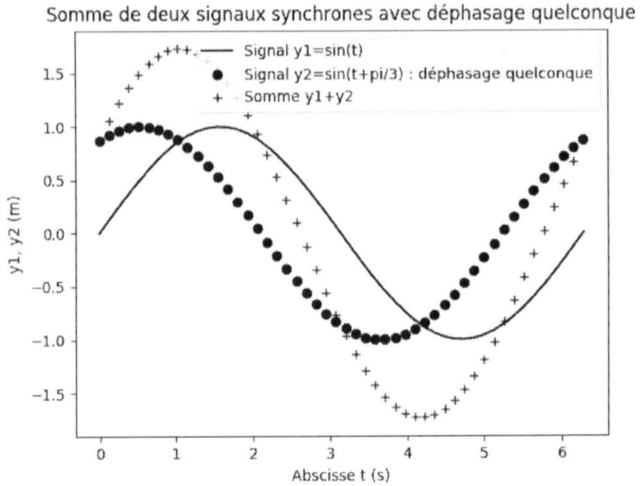

Fig. 06 Somme de deux signaux synchrones avec déphasage quelconque

On observe un phénomène d'interférences à nouveau mais cette fois $A_{somme} < 2A$.

III. Visualiser le point de fonctionnement d'un circuit (CPGE1)

Classes	CPGE1
Thème	Ondes et signaux
Notions et contenus	Signaux électriques dans l'ARQS. Caractéristique d'un dipôle, point de fonctionnement.
Capacité exigible	Étudier la caractéristique d'un dipôle pouvant être non-linéaire.

Il n'y a pas de capacité numérique associée au point de fonctionnement, néanmoins ce paragraphe permet d'exploiter des données expérimentales et de visualiser un point de fonctionnement au cours d'un TP.

III.1 Problème étudié

On dispose d'une lampe à incandescence et d'une pile électrique. Lors de travaux pratiques on relève des valeurs d'intensité qui circule dans la lampe en fonction de la tension aux bornes de la lampe. :

U (V)	I (mA)
0	0
0,2	18
0,9	36
1,9	50
2,2	57
2,7	67
3,9	80
4,5	86
5,5	95
6,2	105

D'autre part, la pile électrique que l'on souhaite utiliser a pour données constructeur : $E = 12\,\mathrm{V}$ sa tension à vide et $r = 200\,\Omega$ sa résistance interne. La tension à ses bornes s'exprime $U_p = E - rI$.

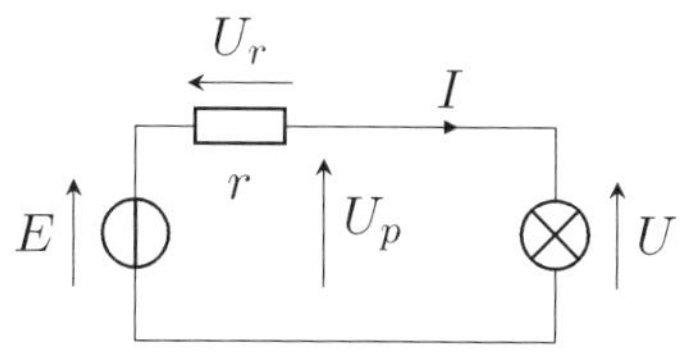

On souhaiterait utiliser la pile électrique afin d'éclairer la lampe et on se demande quel va être le point de fonctionnement du circuit ci-contre, si toutefois il existe.

III.2 Tracé des caractéristiques des deux dipôles : recherche approximative du point de fonctionnement

On se propose de tracer les caractéristiques de chaque dipôle. L'intersection de ces courbes, si elle existe, correspond au *point de fonctionnement*. Pour cela, on importe les bibliothèques et on crée des **arrays** correspondant aux valeurs de tension et d'intensité pour la lampe :

```
import numpy as np
import matplotlib.pyplot as plt # pour le tracé
U =np.array([0,0.2,0.9,1.9,2.2,2.7,3.9,4.5,5.5,6.2])#en V
I = np.array( [0,18,36,50,57,67,80,86,95,105])#mA
I = I/1000#en A
```

Pour la pile, la tension à ses bornes s'exprime $U_p = E - rI$:

```
E = 12#V
r = 200#ohm
U_pile = E-r*I
```

On superpose le tracé de chacune des caractéristiques, à savoir U en fonction de I et U_p en fonction de I :

```
plt.plot(I,U,'+-',label="Caractéristique de la lampe")
plt.plot(I,U_pile,'--',label="Caractéristique de la pile")
plt.title ("Recherche du point de fonctionnement")
plt.xlabel("I(A)")
plt.ylabel("Tension (V)")
plt.legend()
plt.grid()
plt.show()
```

Le point d'intersection se lit approximativement en $I = 0{,}05\,\mathrm{A}$ et $U = 1{,}8\,\mathrm{V}$. Une lecture approximative n'apporte pas beaucoup d'intérêt par rapport à l'utilisation d'un tableur. On va tâcher de trouver le point de fonctionnement de manière plus précise.

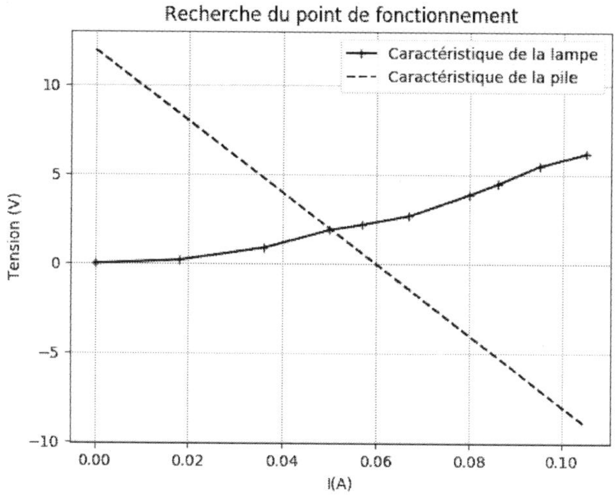

Fig. 07 Recherche du point de fonctionnement

III.3 Recherche du point de fonctionnement avec une méthode numérique

On commence tout d'abord par créer un modèle du type polynôme d'ordre 2 :

$$U = aI^2 + bI + c$$

correspondant à la caractéristique de la lampe, ce, en utilisant `polyfit` :

```
a,b,c = np.polyfit(I,U,2)#paramètres du modèle
```

On va ensuite définir une fonction `F` telle que $F(I) = U - U_p$. On soustrait donc la tension de la pile à celle de la lampe. Cette fonction `F` doit s'annuler au point de fonctionnement : en effet dans ce cas, la tension U est identique à U_p.

On crée la fonction `F` qui admet pour argument une valeur d'intensité i quelconque. Les paramètres a, b, c, r, E sont considérés des variables globales (définies dans le programme principal donc en dehors de la fonction).

```
def F(i):
    U_mod = a*i**2+b*i+c #U modélisée
    U_p = E-r*i #U_pile
    return U_mod-U_p
```

Puis on cherche pour quelle valeur d'intensité la fonction `F` s'annule. On fait appel à `optimize.fsolve` de la bibliothèque `scipy` afin de trouver un zéro approché de `F` (voir chapitre 3) :

```python
from scipy import optimize #pour rechercher un zéro approché de F
I0 = 0.5#1-ère estimation de I
If = optimize.fsolve(F,I0)#I au pt de fct
print("Le point de fonctionnement est I =",If,"A et U =", E-r*If,"V")
```

On obtient le point de fonctionnement : $I = 0{,}05\,\mathrm{A}$ et $U = 1{,}79\,\mathrm{V}$ aux arrondis près. Cela nous permet de retrouver les valeurs précédentes (paragraphe III-2) avec plus de précision.

IV. Simuler la réponse d'un système linéaire du premier ordre à une excitation de forme quelconque (MPSI, MPII, PTSI, PCSI)

Classes	CPGE1 MPSI MPII PTSI PCSI
Thème	Ondes et signaux
Notions et contenus	Circuits linéaires du premier ordre.
Capacité numérique	Mettre en œuvre la méthode d'Euler à l'aide d'un langage de programmation pour simuler la réponse d'un système linéaire du premier ordre à une excitation de forme quelconque.

IV.1 Problème étudié

On s'intéresse à un circuit RC soumis à une excitation $e(t)$ quelconque :

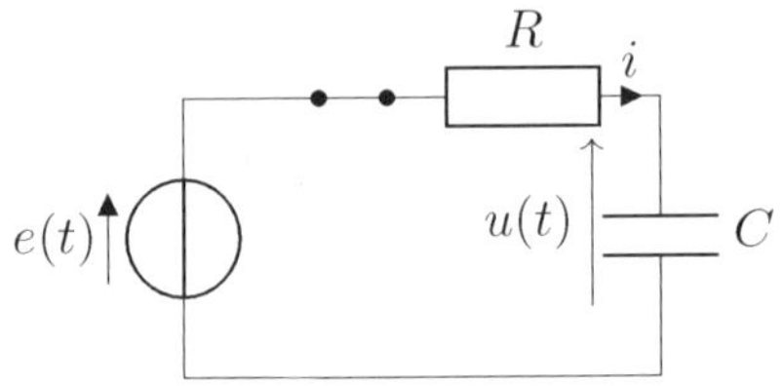

À l'instant initial, on note la condition initiale $u(t = 0) = u_0$. L'équation différentielle à résoudre est :

$$\frac{\mathrm{d}u(t)}{\mathrm{d}t} + \frac{u(t)}{RC} = \frac{e(t)}{RC}$$

Afin d'appliquer la méthode d'Euler, on peut réécrire cette équation sous la forme :

$$\frac{\mathrm{d}u(t)}{\mathrm{d}t} = \frac{e(t)}{RC} - \frac{u(t)}{RC}$$

On va envisager la charge et la décharge du condensateur. On impose en entrée un signal $e(t)$ de type échelon.

IV.2 Résolution numérique approchée à l'aide de la méthode d'Euler

a) Cas de la charge du condensateur

À l'instant initial, on note la condition initiale $u(t = 0) = u_0 = 0$. On pose la constante de temps $\tau = RC = 1 \cdot 10^{-4}\,\text{s}$, de plus, $e(t) = E = 2\,\text{V}$. On commence par importer les bibliothèques et par définir les constantes :

```
import numpy as np
import matplotlib.pyplot as plt # pour le tracé

tau = 1E-4#s
E = 2#V
u0 = 0#condition initiale
N = 2000#nombre de points de discrétisation
```

Puis on définit la fonction Euler pour la résolution (voir le chapitre 3) :

```
def Euler(F,t0,tf,N,u0):
    t = [t0]
    u = [u0]
    h = (tf-t0)/(N-1) #pas
    for i in range(N-1): #N-1 calculs
        t.append(t[i]+h)
        u.append(u[i]+h*F(u[i],t[i]))
    return t,u
```

Le paramètre `F` de la fonction `Euler` est de type fonction. Ce paramètre sera défini dans les paragraphes suivants car il dépend du type de signal $e(t)$ étudié.

Dans le cas d'un échelon de tension positif, le signal d'entrée s'exprime : $e(t) = E$ pour $t > 0$. On définit le domaine d'étude pour la simulation :

```
t0 = 0
tf = 1000E-6#domaine d'étude de la simulation
```

Compétences

- ▷ Savoir résoudre une équation différentielle de manière approchée avec la méthode d'Euler.
- ▷ Savoir tracer le résultat d'une simulation

On définit la fonction correspondant au terme de « droite » de l'équation différentielle :

```
def F_echelon(u,t) :
    return E/tau-u/tau#terme de droite
```

On résout et on trace :

```
t, u = Euler(F_echelon,t0,tf,N,u0)
plt.title("Circuit␣RC␣soumis␣à␣un␣échelon␣de␣tension")
plt.plot(t,u)
plt.xlabel("Temps␣(min)")
plt.ylabel("Tension␣u(V)")
plt.grid(True)
plt.show()
```

Ce qui donne :

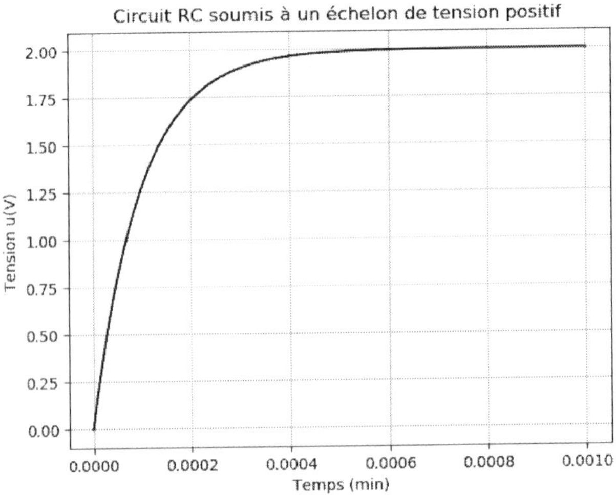

Fig. 08 Charge du condensateur

b) Cas de la décharge du condensateur

À l'instant initial, on note la condition initiale $u(t=0) = u_0 = E$. On pose la constante de temps $\tau = RC = 1 \cdot 10^{-4}\,\mathrm{s}$, et $e(t) = 0\,\mathrm{V}$. La nouvelle équation différentielle à résoudre de manière approchée est :

$$\frac{\mathrm{d}u(t)}{\mathrm{d}t} = -\frac{u(t)}{RC} = -\frac{u(t)}{\tau}$$

Le programme précédent est très peu modifié. Il s'agit de changer la condition initiale, le terme de « droite » de l'équation différentielle, de résoudre et de tracer :

```python
u0 = E#nouvelle condition initiale

def F_echelon_negatif(u,t) :
    return -u/tau #nouveau terme de droite

t, u = Euler(F_echelon_negatif,t0,tf,N,u0)#resolution
plt.title("Circuit RC soumis à un échelon de tension négatif")
plt.plot(t,u)
plt.xlabel("Temps (min)")
plt.ylabel("Tension u(V)")
plt.grid(True)
plt.show()
```

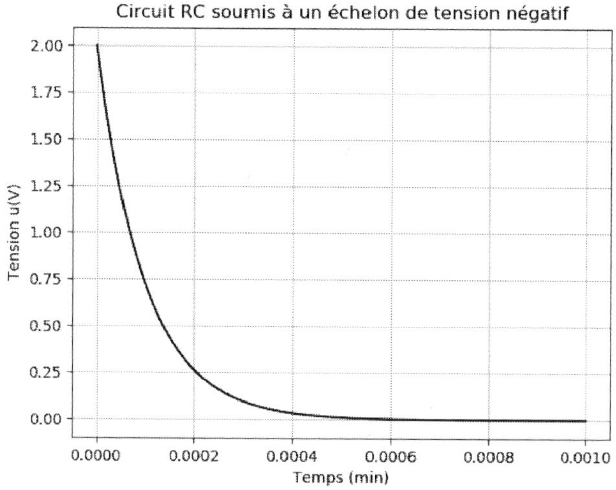

Fig. 09 Décharge du condensateur

V. Simuler la réponse d'un système linéaire du deuxième ordre à une excitation de forme quelconque (MPII)

Classes	CPGE1 MPII
Thème	Ondes et signaux
Notions et contenus	Circuits linéaires du premier et du deuxième ordre.
Capacité numérique	À l'aide d'un langage de programmation, simuler la réponse d'un système linéaire du deuxième ordre à une excitation de forme quelconque.

V.1 Problème étudié : circuit RLC en régime libre

On s'intéresse à un circuit RLC en régime libre. À $t = 0$, on bascule l'interrupteur sachant qu'à $t = 0^-$, le régime permanent était atteint.

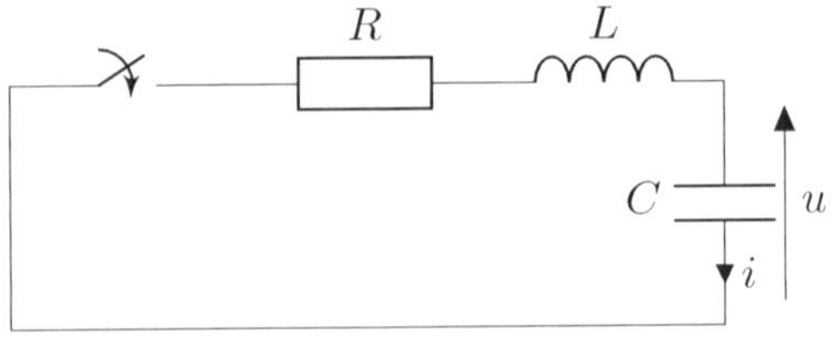

À l'instant initial, on note la condition initiale $u(t = 0) = u_0 = E = 5\,\mathrm{V}$ (le condensateur est initialement chargé). Et on suppose initialement le régime permanent établi alors :

$$i(t = 0) = C\frac{\mathrm{d}u}{\mathrm{d}t}(t = 0) = 0$$

L'équation différentielle à résoudre est :

$$\frac{\mathrm{d}^2u}{\mathrm{d}t^2} + \frac{R}{L}\frac{\mathrm{d}u}{\mathrm{d}t} + \frac{1}{LC}u = 0$$

Celle-ci peut être réécrite comme :

$$\frac{\mathrm{d}^2u_C}{\mathrm{d}t^2} + \frac{\omega_0}{Q}\frac{\mathrm{d}u_C}{\mathrm{d}t} + \omega_0^2 u_C = 0$$

▷ avec $\frac{1}{\sqrt{LC}} = \omega_0$ la **pulsation propre**

▷ et $Q = \frac{L\omega_0}{R} = \frac{1}{R}\sqrt{\frac{L}{C}}$ le **facteur de qualité** du circuit.

Il s'agit d'une équation différentielle d'ordre deux. Comme cela été vu au chapitre 5, afin d'appliquer une méthode de résolution approchée, on doit réécrire cette équation sous la forme de deux équations différentielles d'ordre un :

$$\begin{cases} \dfrac{\mathrm{d}u}{\mathrm{d}t} = u_p & (1) \\ \dfrac{\mathrm{d}u_p}{\mathrm{d}t} = -\dfrac{\omega_0}{Q}u_p - \omega_0^2 u & (2) \end{cases}$$

Ce système fait apparaitre deux variables : u_p et u dont les conditions initiales sont $u_0 = E$ et $\dfrac{\mathrm{d}u}{\mathrm{d}t}(t=0) = u_p(t=0) = u_{p0} = 0$. Les deux termes de « droite » de ce couple d'équations différentielles peuvent être réunis dans une liste :

$$[u_p, -\frac{\omega_0}{Q}u_p - \omega_0^2 u]$$

V.2 Résolution approchée avec odeint : étude des différents régimes

On va utiliser le solver `odeint` tout comme dans le chapitre 5. La méthode d'Euler reste sinon bien sûr applicable à un système de deux équations différentielles d'ordre un (voir chapitre 3).

a) Régime pseudo-périodique, $Q > 0,5$

Les composants électroniques sont choisis tels que $R = 50\,\Omega$, $C = 10\,\mathrm{nF}$ et $L = 100\,\mathrm{mH}$. Alors le facteur de qualité est $Q = 6,3 > 0,5$, le facteur de qualité critique.

Compétences

▷ Savoir effectuer une résolution numérique avec `odeint`

On commence par importer les bibliothèques et définir les constantes :

```
N = 1000#nombre de points de discrétisation
t0,tf = 0,0.002#simulation sur 2ms
t = np.linspace(t0,tf,N)#array de N valeurs de
    temps
E = 5#V
u0 = E#V
up0 = 0#V
y0 = [u0,up0] #valeurs initiales de u et up

R = 500#ohm
L = 100E-3#Henry
C = 10E-9#Farad
omega = 1/np.sqrt(L*C)#pulsation propre
Q = 1/R*np.sqrt(L/C)#facteur de qualité
```

```
def systeme(y,t):
    """termes de droite de (1) et (2)"""
    u = y[0]
    up = y[1]
    return np.array([up,-omega/Q*up-omega**2*u])
```

On résout de manière approchée et on trace les valeurs de la tension en fonction du temps :

Compétences

▷ Savoir tracer le résultat d'une résolution numérique

```
sol = odeint(systeme, y0, t)#résolution
u = sol[:,0]#u en colonne 0 de la résolution
plt.title("RLC régime pseudo-periodique, Q=6,3")
plt.plot(t,u)#tracé de u
plt.grid(True)
plt.xlabel("Temps (s)")
plt.ylabel("u (V)")
plt.show()
```

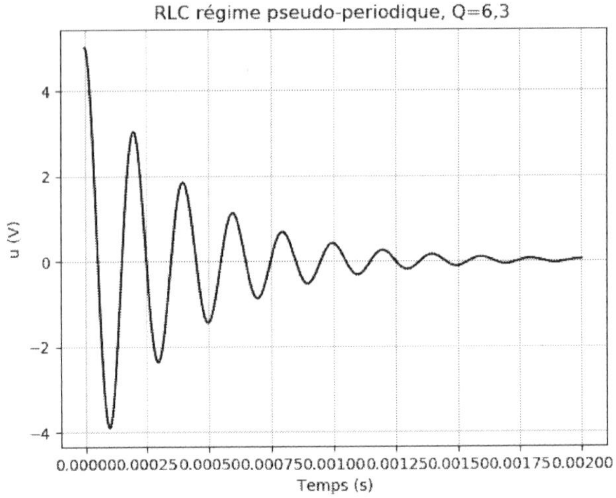

Fig. 010 RLC : régime pseudo-périodique

On obtient de l'ordre de six oscillations complètes, ce qui est cohérent avec le facteur de qualité. La durée du régime transitoire est de l'ordre de : $\tau = 2 \cdot 10^{-3}$ s.

b) Régime apériodique, $Q < 0,5$

On pose $R = 10\,000\,\Omega$, mais C et L sont inchangés. Alors $Q = 0,3 < 0,5$. Il suffit de relancer la simulation. On observe une absence d'oscillations. La durée du régime transitoire est de l'ordre de : $\tau = 5 \cdot 10^{-4}$ s.

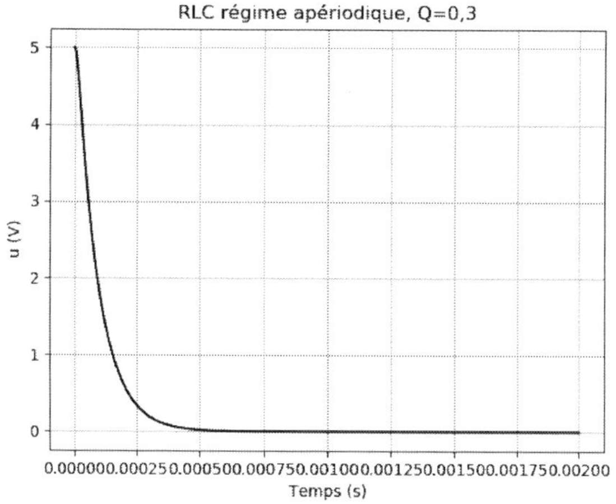

Fig. 011 RLC : régime apériodique

c) Régime critique, $Q = 0,5$

On impose $Q = 0,5$, C et L sont inchangés. On observe une décroissance plus vive que pour le régime apériodique. La durée du régime transitoire est de l'ordre de : $\tau = 2{,}5 \cdot 10^{-4}$ s.

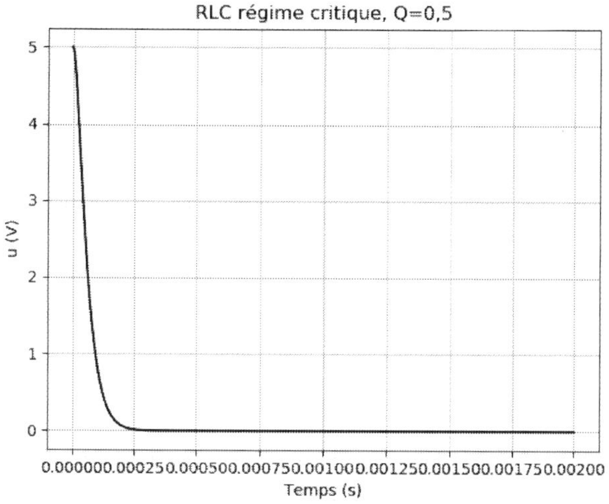

Fig. 012 RLC : régime critique

VI. Simuler l'action d'un filtre sur un signal périodique (MPSI, MPII, PTSI, PCSI)

Classes	CPGE1 MPSI MPII PTSI PCSI
Thème	Ondes et signaux
Notions et contenus	Filtrage linéaire.
Capacité numérique	Simuler à l'aide d'un langage de programmation, l'action d'un filtre sur un signal périodique dont le spectre est fourni. Mettre en évidence l'influence des caractéristiques du filtre sur l'opération de filtrage.

VI.1 Filtre passe-haut

On s'intéresse à un filtre RL de type passe-haut que l'on applique à un signal d'entrée :

$$U_e(t) = U_0 + U_1 \cos(\omega t) = 3 + \cos(\omega t)$$

avec $\omega = 1 \cdot 10^2 \,\mathrm{rad} \cdot \mathrm{s}^{-1}$, $U_0 = 3\,\mathrm{V}$, $U_1 = 1\,\mathrm{V}$.

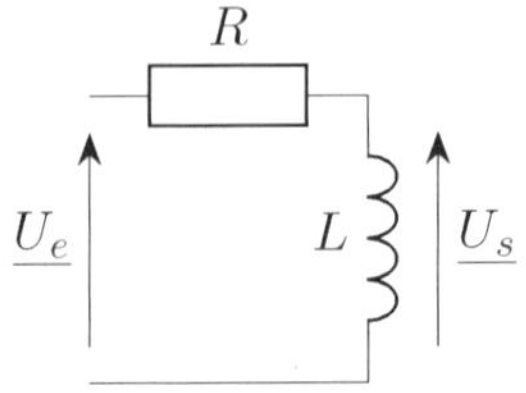

En posant $\omega_0 = \frac{R}{L}$, on peut établir la fonction de transfert :

$$\underline{H} = \frac{\underline{U_s}}{\underline{U_e}} = \frac{j\omega\frac{L}{R}}{1 + j\frac{L}{R}\omega} = \frac{j\frac{\omega}{\omega_0}}{1 + j\frac{\omega}{\omega_0}}$$

On note le gain :

$$G(\omega) = |\underline{H}| = \frac{\frac{\omega}{\omega_0}}{\sqrt{1 + (\frac{\omega}{\omega_0})^2}}$$

et le déphasage :

$$\varphi(\omega) = \frac{\pi}{2} - \arctan\left(\frac{\omega}{\omega_0}\right)$$

Le signal de sortie a pour expression générale :

$$U_s(t) = U_0 G(\omega = 0)\cos(0 + \varphi(\omega = 0)) + U_1 G(\omega)\cos(\omega t + \varphi(\omega))$$

où $G(\omega = 0)$, $\varphi(\omega = 0)$, $G(\omega)$ et $\varphi(\omega)$ se déduisent de la fonction de transfert.

Pour tester l'effet du filtre, on choisira deux valeurs différentes pour ω_0, à savoir $\omega_{0,1} = 1 \cdot 10^3 \,\mathrm{rad} \cdot \mathrm{s}^{-1} > \omega$ et $\omega_{0,2} = 10\,\mathrm{rad} \cdot \mathrm{s}^{-1} < \omega$.

VI.2 Tracé du signal d'entrée

Il s'agit d'un tracé simple de fonction. On importe les bibliothèques, on crée les constantes, on crée la fonction :

```
import numpy as np
import matplotlib.pyplot as plt
U0 = 3
U1 = 1
omega = 100#rad/s
def Ue(t):
    return U0+U1*np.cos(omega*t)
```

Compétences

- ▷ Savoir tracer une fonction
- ▷ Savoir tracer un diagramme en bâtons

On trace $U_e = f(t)$:

```
tmax = 0.1
N = 200#points de discrétisation
t=np.linspace(0,tmax,N)#axe des abscisses
plt.plot(t,Ue(t),label="$U_e(t)=3+cos(100t)$")
plt.xlabel("t")
plt.ylabel("$U_e(t)$")
plt.title("Signal d'entrée")
plt.grid(True)
plt.legend()
plt.show()
```

On peut tracer le spectre associé :

```
N = 1000
Lomega = [i for i in range(N)]#axe des abscisses
U = [0 for i in range(N)]#axe des ordonnées
U[0] = 3
U[99] = 1
plt.bar(Lomega, U, color="black")#diagramme batons
plt.xlabel("pulsation $\omega$ (rad.s-1)")
plt.ylabel("$U_i$ (V)")
plt.title("Spectre $U_e$")
plt.show()
```

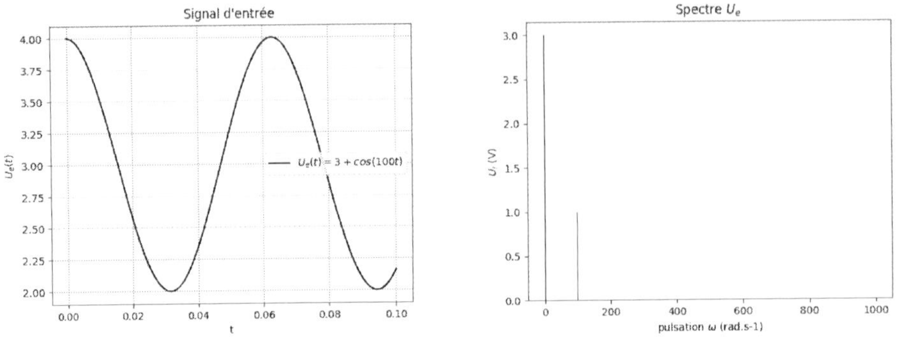

Fig. 013 Tracé du signal d'entrée et de son spectre

VI.3 Tracé du signal de sortie

On crée les variables correspondant aux constantes $\omega_{0,1}$ et $\omega_{0,2}$:

```
omega_01 = 1000#rad.s-1
omega_02 = 10#rad.s-1
```

Compétences

▷ Savoir calculer le signal de sortie grâce au gain et au déphasage

On crée les fonctions correspondant au gain et au déphasage du filtre puis au calcul du signal de sortie :

```
def GPH(omega,omega_0):#gain du filtre
    return (omega/omega_0)/(np.sqrt(1+(omega/
        omega_0)**2))

def dephasage(omega,omega_0):#dephasage
    return np.pi/2-np.arctan(omega/omega_0)

def Us(t,omega,omega_0,G):#signal de sortie
    U0p = U0*G(0,omega_0)#pour omega=0
    Phi0 = dephasage(0,omega_0)#pour omega=0
    U1p = U1*G(omega,omega_0)
    Ph1 = dephasage(omega,omega_0)
    return U0p*np.cos(0*t+Phi0)+U1p*np.cos(omega*t
        +Ph1)
```

Compétences

▷ Savoir superposer le tracé de plusieurs fonctions

Puis, on effectue le tracé de $U_e(t)$ et $U_s(t)$ pour $\omega_{0,1} > \omega$ et $\omega_{0,2} < \omega$:

```
t=np.linspace(0,tmax,N)#axe  des abscisses
us1 = Us(t,omega,omega_01,GPH)
us2 = Us(t,omega,omega_02,GPH)
```

Soit le code pour le tracé avec $\omega_{0,1} = 1000\,\mathrm{rad}\cdot\mathrm{s}^{-1}$:

```
plt.grid(True)
plt.plot(t,Ue(t),"-",label="$U_e(t)=3+cos(100t)$")
plt.plot(t,us1,"--",label="$U_s(t)$ pour $omega_01$ = 1000 rad.s-1")
plt.xlabel("t")
plt.ylabel("$U(t)$")
plt.title("Effet d'un filtrage passe haut")
plt.legend()
plt.show()
```

Ce qui donne pour chacune des pulsations :

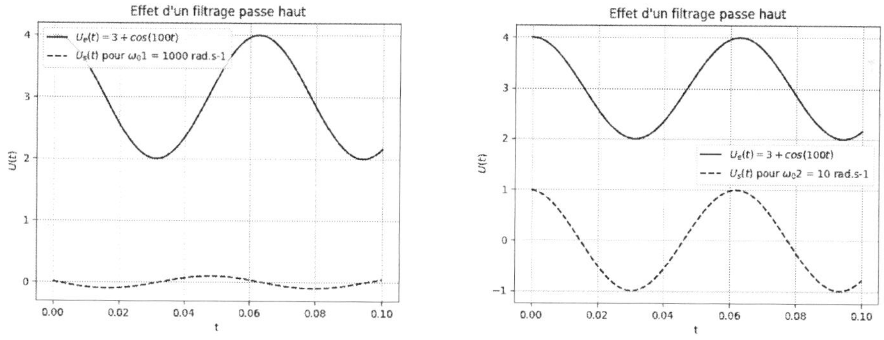

Fig. 014 Tracé des signaux d'entrée et de sortie pour $\omega_{0,1} > \omega$ et $\omega_{0,2} < \omega$

Ainsi pour $\omega_{0,1} = 1 \cdot 10^3\,\mathrm{rad}\cdot\mathrm{s}^{-1} > \omega$ le signal est fortement atténué en sortie et si $\omega_{0,2} = 10\,\mathrm{rad}\cdot\mathrm{s}^{-1} < \omega$, le signal de sortie est très proche du signal d'entrée débarrassé de sa composante continue, c'est-à-dire à pulsation nulle. Le filtre laisse donc passer les hautes fréquences.

Chapitre 7.
Constitution et transformation de matière

Plan du chapitre

I. Déterminer la composition à l'état final d'un système siège d'une transformation chimique totale (première) 105

- **I.1** Transformation étudiée et conditions initiales 105
- **I.2** Détermination de l'état final 106
- **I.3** Tracé des quantités de matière en fonction de l'avancement 107

II. Représenter l'évolution des quantités de matière des espèces lors d'un titrage acide-base (terminale) 108

- **II.1** Transformation étudiée et conditions initiales 108
- **II.2** Suivi théorique du titrage 109
- **II.3** Suivi des quantités de matière des espèces grâce à Python 110

III. Déterminer le taux d'avancement final d'une transformation, modélisée par la réaction d'un acide sur l'eau (terminale) 113

- **III.1** Transformation étudiée et conditions initiales 113
- **III.2** Étude théorique de l'équilibre 113
- **III.3** Détermination théorique du taux d'avancement final 114
- **III.4** Utilisation de Python pour déterminer le taux d'avancement final 114
- **III.5** Tracé du taux d'avancement final en fonction de la valeur de la concentration de la solution 115
- **III.6** Tracé du taux d'avancement final en fonction de la valeur du pKa 117

IV. Déterminer l'état final d'un système siège d'une transformation modélisée par une réaction à partir de conditions initiales et de la valeur de la constante d'équilibre (MPSI, PTSI, PCSI) 118

- **IV.1** Transformation étudiée et conditions initiales 118
- **IV.2** Expression du quotient réactionnel à l'équilibre 118
- **IV.3** Utilisation de la bibliothèque Scipy pour déterminer l'avancement final ... 119

V. Tracer le diagramme de distribution des espèces d'un couple acide-base (terminale, PCSI) 121

V.1 Transformation étudiée 121

V.2 Diagramme de distribution : proportions théoriques relatives à chaque espèce 122

V.3 Tracé du diagramme de distribution avec Python 123

VI. Tracer le diagramme de distribution des espèces de plusieurs couples acide-base (PCSI) 124

VI.1 Transformations étudiées 124

VI.2 Diagramme de distribution : proportions théoriques relatives à chaque espèce 124

VI.3 Tracé du diagramme de distribution avec Python 125

I. Déterminer la composition à l'état final d'un système siège d'une transformation chimique totale (première)

Classe	Première
Thème	Constitution et transformations de la matière : suivi et modélisation de l'évolution d'un système chimique
Notions et contenus	Avancement final, avancement maximal. Transformations totale et non totale.
Capacité numérique	Déterminer la composition de l'état final d'un système siège d'une transformation chimique totale à l'aide d'un langage de programmation.

I.1 Transformation étudiée et conditions initiales

On s'intéresse à une transformation totale mais lente. Elle est modélisée par la réaction :

$$H_2O_{2(aq)} + 2\,I^-_{(aq)} + 2\,H_3O^+_{(aq)} \longrightarrow 4\,H_2O_{(l)} + I_{2(aq)}\,.$$

On fait réagir de l'eau oxygénée $H_2O_{2(aq)}$ avec des ions iodure $I^-_{(aq)}$ en milieu acide (d'où la présence d'ions oxonium $H_3O^+_{(aq)}$). On obtient de l'eau et du diiode $I_{2(aq)}$. L'eau oxygénée et les différents ions sont incolores alors que le diiode en présence d'un excès d'ions iodure est de couleur jaune-brun.

La présence de diiode peut être suivie par spectrophotométrie. En effet l'absorbance A de la solution est proportionnelle à la concentration de diiode. On place les ions oxonium en large excès. Ainsi leur concentration ne va pas varier en fonction du temps.

On place les quantités de matière initiales suivantes d'eau oxygénée $H_2O_{2(aq)}$ et d'ions iodure $I^-_{(aq)}$ dans un bécher :

▷ $n_{H_2O_2,i} = 3{,}0 \cdot 10^{-3}\,\text{mol}$
▷ $n_{I^-,i} = 2{,}5 \cdot 10^{-3}\,\text{mol}$

On va utiliser un code Python afin de déterminer l'état final du système en recherchant une valeur d'avancement réactionnel telle qu'un des réactifs (le réactif limitant) obtienne une quantité de matière très proche de zéro. Le réactif limitant sera consommé totalement.

En informatique, cela revient à effectuer les calculs *tant que* les quantités de matière des réactifs restent positives. On importe la bibliothèque `pyplot` et on rentre tout d'abord les constantes correspondant aux quantités de matière initiales :

```
import matplotlib.pyplot as plt # pour le tracé
nIi = 2.5E-3#mol
nH2O2i = 3.0E-3#mol
nI2i = 0#mol
```

I.2 Détermination de l'état final

On définit un incrément pour l'avancement :

```
dx = 5E-5#incrément de l'avancement (mol)
```

Compétences

▷ Savoir utiliser une fonction.
▷ Savoir utiliser une boucle while.

Puis on code une fonction qui va remplir des listes de quantité de matière pour les réactifs $H_2O_{2(aq)}$ et $I^-_{(aq)}$ et le produit $I_{2(aq)}$ ainsi qu'une liste contenant les valeurs de l'avancement au cours de la transformation :

```
def etat_final(nIi,nH2O2i,dx):
    liste_H2O2 = [nH2O2i]#initialisation
    liste_I = [nIi]#initialisation
    liste_I2 = [nI2i]#initialisation
    x = [0]#liste d'avancement
    i = 0
    while liste_H2O2[-1]>0 and liste_I[-1]>0 : #
        tant que les quantités de matière >0
        liste_H2O2.append(liste_H2O2[i] - dx)#
            coefficient stoechiométrique -1
        liste_I.append(liste_I[i] - 2*dx)#coef -2
        liste_I2.append(liste_I2[i] + dx)#coef +1
        x.append(x[i]+dx)
        i = i+1
    return x, liste_H2O2, liste_I, liste_I2
```

On doit utiliser une boucle while car *on ne connait pas à l'avance le nombre d'itérations* à effectuer. On appelle cette fonction afin de générer les listes de quantité de matière des deux réactifs $H_2O_{2(aq)}$ et $I^-_{(aq)}$ et du produit $I_{2(aq)}$:

```
x, liste_H2O2, liste_I,liste_I2 = etat_final(nIi,
    nH2O2i,dx)
```

Compétences

▷ Savoir déterminer la composition du système à l'état final

Puis on peut afficher les quantités de matière à l'état final en faisant appel aux *avant-derniers* éléments des listes, et non les derniers (car la condition de la boucle while impose qu'une des dernières valeurs calculées sera négative).

```
print("Etat final nH2O2f =",liste_H2O2[-2],"Etat final nI-f =", liste_I[-2],"Etat final nI2f =", liste_I2[-2])
```

Ce qui donne environ :
▷ $n_{I^-,f} = 0\,\text{mol}$
▷ $n_{H_2O_2,f} = 1{,}75 \cdot 10^{-3}\,\text{mol}$
▷ $n_{I_2,f} = 1{,}25 \cdot 10^{-3}\,\text{mol}$

$I^-_{(aq)}$ est consommé totalement : c'est le réactif limitant. $H_2O_{2(aq)}$ était en excès : sa quantité de matière n'est pas nulle à l'état final.

Compétences
▷ Savoir déterminer l'avancement maximal

On peut aussi afficher l'avancement maximal (obtenu à l'état final) :

```
print("xf =",x[-2])
```

Ce qui donne environ :
▷ $x_f = x_{max} = 1{,}25 \cdot 10^{-3}\,\text{mol}$

L'avancement maximal correspond à la quantité de matière de diiode I_2(aq) présente à l'état final.

I.3 Tracé des quantités de matière en fonction de l'avancement

Compétences
▷ Savoir tracer l'évolution des quantités de matière au fur et à mesure de la transformation chimique

Il est aussi possible de tracer les quantités de matière des deux réactifs $H_2O_{2(aq)}$ et $I^-_{(aq)}$ et du produit $I_{2(aq)}$ en fonction de l'avancement :

```
plt.plot(x,liste_H2O2 ,'+',label="n_H2O2")
plt.plot(x,liste_I ,'-',label="n_I-")
plt.plot(x,liste_I2 ,'*',label="n_I2")
plt.title ("Evolution des quantités de matière")
plt.xlabel("Avancement (mol)")
plt.ylabel("Quantités de matière (mol)")
plt.legend()
plt.show()
```

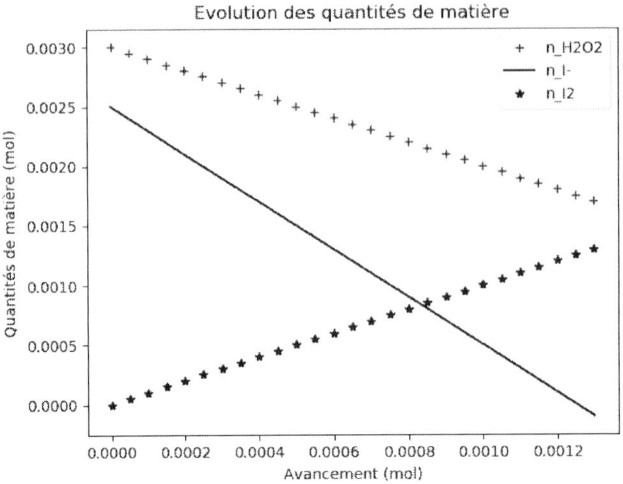

Fig. 01 Tracé des quantités de matière en fonction de x

$I^-_{(aq)}$ et $H_2O_{2(aq)}$ sont des réactifs : ils sont consommés. En revanche $I_{2(aq)}$ est un produit, aussi, sa quantité de matière augmente au cours de la réaction jusqu'à atteindre l'avancement maximal.

II. Représenter l'évolution des quantités de matière des espèces lors d'un titrage acide-base (terminale)

Classe	Terminale
Thème	Constitution et transformations de la matière : déterminer la composition d'un système par des méthodes physiques et chimiques.
Notions et contenus	Analyser un système par des méthodes chimiques : titrage avec suivi pH-métrique.
Capacité numérique	Représenter, à l'aide d'un langage de programmation, l'évolution des quantités de matière des espèces en fonction du volume de solution titrante versé.

II.1 Transformation étudiée et conditions initiales

On titre une solution d'acide éthanoïque (le réactif titré) par une solution titrante de soude de concentration $C_b = 0{,}10\,\mathrm{mol \cdot L^{-1}}$. On considère la réaction support de titrage :

$$CH_3COOH_{(aq)} + HO^-_{(aq)} \longrightarrow CH_3COO^-_{(aq)} + H_2O_{(l)}\,.$$

La transformation est totale et rapide.

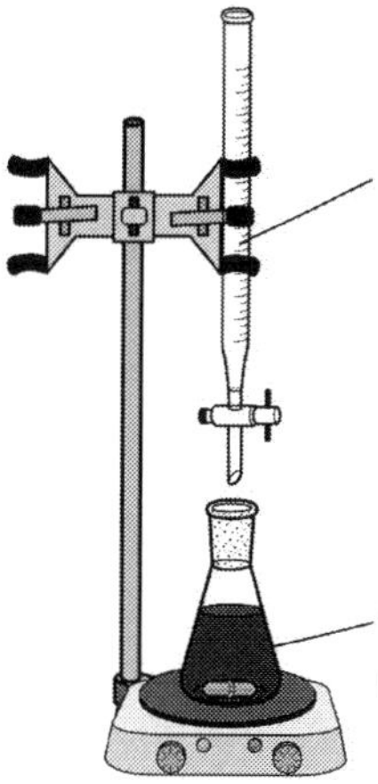

Fig. 02 Titrage d'un acide par une base forte

On prélève pour cela une prise d'essai : il s'agit d'un volume $V_a = 10{,}0\,\text{mL}$ de solution d'acide éthanoïque que l'on place dans un erlenmeyer (voir *Fig. 02*).

> *Remarque : sa concentration est normalement inconnue lors d'un titrage mais pour effectuer un tracé des quantités de matière, on la suppose connue. On prend* $C_a = 0{,}10\,\text{mol}\cdot\text{L}^{-1}$.

On note la quantité de matière initiale d'acide $n_{a0} = C_a V_a = 1{,}0 \cdot 10^{-3}\,\text{mol}$.

II.2 Suivi théorique du titrage

On titre ensuite la solution d'acide éthanoïque par la soude (voir *Fig. 02*).

Compétences

- ▷ Savoir dresser un tableau d'avancement
- ▷ Comprendre les étapes d'un titrage

a) Avant l'équivalence

Avant l'équivalence, les ions hydroxyde constituent le réactif limitant. Le volume de soude versé est noté V_b, sa quantité de matière versée avant la transformation : n_{b0}. Les quantités de matière dans le système chimique à un instant t situé avant l'équivalence (auquel on aura versé une volume V_b de soude) peuvent être déterminées grâce au tableau d'avancement :

(mol)	CH_3COOH	+	HO^-	$\longrightarrow$	CH_3COO^-	+	H_2O
état initial	$n_{a0} = 1{,}0 \cdot 10^{-3}$		$n_{b0} = C_b V_b$		0		excès
état intermédiaire	$n_{a0} - x(t)$		$n_{b0} - x(t)$		$x(t)$		excès
état final	$n_{a0} - x_f$		$n_{b0} - x_f \simeq 0$		$x_f = n_{b0}$		excès

Avec $x_f = n_{b0} = C_b V_b$

b) À l'équivalence

Le volume de soude versé à l'équivalence est noté V_{eq}. À l'équivalence les deux réactifs sont introduits en proportions stœchiométriques. Alors :

$n_{a0} = C_a V_a = C_b V_{eq} = 1{,}0 \cdot 10^{-3}\,\text{mol}$

On construit le tableau en prenant comme état initial l'instant où les réactifs n'ont pas encore réagi :

(mol)	CH_3COOH	+	HO^-	$\longrightarrow$	CH_3COO^-	+	H_2O
état initial	$C_a V_a$		$C_b V_{eq}$		0		excès
état intermédiaire	$n_{a0} - x(t)$		$n_{b,eq} - x(t)$		$x(t)$		excès
état final	$n_{a0} - x_f \simeq 0$		$n_{b,eq} - x_f \simeq 0$		$x_f = n_{a0}$		excès

Avec $x_f = n_{a0} = C_a V_a = 1{,}0 \cdot 10^{-3}\,\text{mol}$

c) Après l'équivalence

Après l'équivalence, les ions hydroxyde sont encore introduits dans le milieu (en excès par rapport aux proportions stœchiométriques) et l'acide éthanoïque a été consommé totalement. La transformation n'a pas lieu car il manque un des réactifs. La quantité de matière des ions hydroxyde va donc augmenter par rapport à l'équivalence.

Le volume de soude versé après l'équivalence est noté V_b, sa quantité de matière versée au total est : $n_b = C_b V_b$ mais n_{a0} moles ont été consommées à l'équivalence. Il reste donc : $n_b = C_b V_b - n_{a0} = C_b(V_b - V_{eq})$.

(mol)	CH_3COOH	+	HO^-	$\longrightarrow$	CH_3COO^-	+	H_2O
état initial	$\simeq 0$		$C_b(V_b - V_{eq})$		n_{a0}		excès

II.3 Suivi des quantités de matière des espèces grâce à Python

Tout d'abord on importe les bibliothèques nécessaires et on initialise les constantes correspondant à C_a, V_a, C_b, puis on définit le volume équivalent V_{eq} :

```
import numpy as np #pour définir un vecteur
import matplotlib.pyplot as plt # pour le tracé
Ca = Cb = 0.1#mol/L
Va = 10E-3#volume d'acide versé, en L
Veq = Ca*Va/Cb#volume à l'équivalence, en L
```

Ensuite on définit une fonction `titrage` qui renvoie trois listes correspondant aux quantités de matière en acide éthanoïque, ions hydroxyde et ions acétate. Pour cela, on envisage les trois cas du paragraphe précédent et on s'appuie sur les tableaux d'avancement établis :

Compétences

- ▷ Savoir utiliser une fonction
- ▷ Savoir utiliser des relations conditionnelles

```
def titrage(Ca,Cb,Va,Vb):
    L_na=[]
    L_nb=[]
    L_np=[]
    na0=Ca*Va#quantité de matière initiale en
       acide
    for v in Vb:#on itère sur les valeurs de
       volume
        nb=Cb*v#quantité de matière de base
        if v<Veq :#avant eq
            L_na.append(na0-nb)#liste acide
            L_nb.append(0)#liste base
            L_np.append(nb)#liste produit
        elif v==Veq:#equivalence
            L_na.append(0)#liste acide
            L_nb.append(0)#liste base
            L_np.append(na0)#liste produit
        else :#après eq
            L_na.append(0)#liste acide
            L_nb.append(nb-na0)#liste base
            L_np.append(na0)#liste produit
    return L_na,L_nb,L_np
```

On crée un vecteur contenant des valeurs de V_b allant de 0 à $2V_{eq}$ (on choisit $N = 40$ valeurs par exemple) :

```
Vb = np.linspace(0,2*Veq,40)
```

Il suffit ensuite d'appeler la fonction `titrage` afin de créer trois listes contenant les valeurs de n_{CH_3COOH}, n_{HO^-} et $n_{CH_3COO^-}$.

Compétences

- ▷ Savoir tracer un graphique

Puis on trace les valeurs des quantités de matière contenues dans ces listes en fonction des valeurs de V_b :

```python
La,Lb,Lp = titrage(Ca,Cb,Va,Vb)#appel de la fonction titrage
plt.plot(Vb,La,'k-',label="n_CH3COOH")
plt.plot(Vb,Lb,'k+',label="n_HO-")
plt.plot(Vb,Lp,'k*',label="n_CH3COO-")
plt.title ("Evolution des quantités de matière des espèces")
plt.xlabel("Volume de base versé (L)")
plt.ylabel("Quantités de matière (mol)")
plt.legend()
plt.show()
```

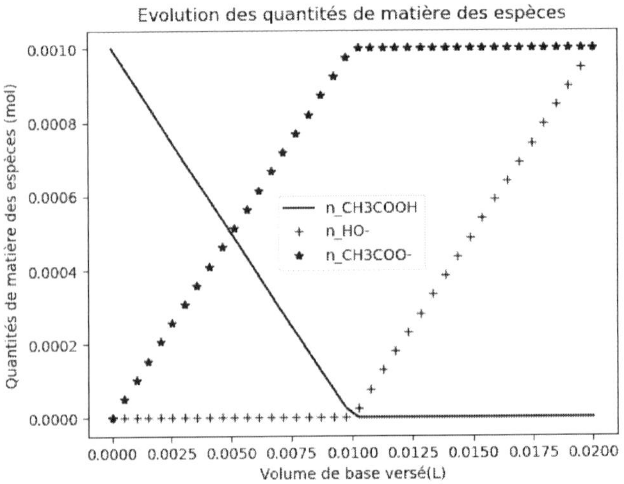

Fig. 03 Suivi des quantités de matière des espèces

Avant l'équivalence : on remarque que l'acide éthanoïque est consommé au fur et à mesure du titrage alors que sa base conjuguée, l'ion acétate, est formée. Lorsque l'acide éthanoïque est totalement consommé on atteint bien $V_{eq} = 10\,\text{mL}$.

Après l'équivalence : seule la quantité de matière d'ion hydroxyde versé continue à croitre.

III. Déterminer le taux d'avancement final d'une transformation, modélisée par la réaction d'un acide sur l'eau (terminale)

Classe	Terminale
Thème	Constitution et transformations de la matière : prévoir l'état final d'un système, siège d'une transformation chimique.
Notions et contenus	Constante d'acidité K_a d'un couple acide-base. Réaction d'un acide ou d'une base avec l'eau.
Capacité numérique	Déterminer, à l'aide d'un langage de programmation, le taux d'avancement final d'une transformation, modélisée par la réaction d'un acide sur l'eau.

III.1 Transformation étudiée et conditions initiales

On étudie l'action de l'acide éthanoïque sur de l'eau. On modélise cette transformation par la réaction :

$$\mathrm{CH_3COOH_{(aq)} + H_2O_{(l)} \rightleftarrows CH_3COO^-_{(aq)} + H_3O^+_{(aq)}}.$$

On rappelle la constante d'acidité du couple acide acétique / ion acétate, à 25 °C :

$$K_\mathrm{a} = \frac{[\mathrm{CH_3COO^-}]_\mathrm{eq}\ [\mathrm{H_3O^+}]_\mathrm{eq}}{[\mathrm{CH_3COOH}]_\mathrm{eq} c^\circ} = 10^{-4,8} \simeq 1 \cdot 10^{-5} \ll 1$$

Avec son $\mathrm{p}K_\mathrm{a} = -\log K_\mathrm{a} = 4{,}8$ et la constante $c^\circ = 1{,}0\,\mathrm{mol \cdot L^{-1}}$

On considère comme dans le paragraphe précédent comme condition initiale un volume $V_a = 10{,}0\,\mathrm{mL}$ de solution d'acide éthanoïque de concentration $C_a = 0{,}10\,\mathrm{mol \cdot L^{-1}}$.

On note la quantité de matière initiale d'acide $n_{a0} = C_a V_a = 1{,}0 \cdot 10^{-3}\,\mathrm{mol}$. Le volume total de la solution vaut V_a.

III.2 Étude théorique de l'équilibre

Compétences

▷ Savoir écrire un tableau d'avancement dans le cas d'un équilibre chimique

L'état final de la transformation est un état d'équilibre. On peut dresser le tableau d'avancement :

mol	$CH_3COOH_{(aq)}$	+	$H_2O_{(l)}$	$\rightleftarrows$	$CH_3COO^-_{(aq)}$	+	$H_3O^+_{(aq)}$
état initial	$n_{a0} = C_aV_a$		excès		0		0
E(t)	$n_{a0} - x(t)$		excès		$x(t)$		$x(t)$
état final	$n_{a0} - x_\mathrm{f}$		excès		x_f		x_f

Pour déterminer l'avancement à l'état final noté x_f, il faut utiliser l'expression de la constante d'acidité qui implique les concentrations des espèces prises à l'équilibre :

$$K_\mathrm{a} = \frac{[CH_3COO^-]_{eq}\ [H_3O^+]_{eq}}{[CH_3COOH]_{eq}c^\circ} = \frac{\dfrac{x_\mathrm{f}^2}{V_a^2}}{\dfrac{C_aV_a - x_\mathrm{f}}{V_a}} = \frac{x_\mathrm{f}^2}{(C_aV_a - x_\mathrm{f})V_a}$$

On utilise le fait que $c^\circ = 1{,}0\,\mathrm{mol}\cdot\mathrm{L}^{-1}$. Ce qui donne lorsque l'on développe :

$$x_\mathrm{f}^2 + x_\mathrm{f}K_\mathrm{a}V_a - K_\mathrm{a}C_aV_a^2 = 0\ (1)$$

III.3 Détermination théorique du taux d'avancement final

L'objectif est de déterminer la valeur du taux d'avancement final τ d'une transformation défini tel que :

$$\tau = \frac{x_\mathrm{f}}{x_{\mathrm{max}}}$$

Dans notre cas l'avancement maximal $x_{\mathrm{max}} = C_aV_a$, ce qui donne : $\tau = \dfrac{x_\mathrm{f}}{C_aV_a}$

Soit $x_\mathrm{f} = C_aV_a\tau$. On remplace cette expression dans l'équation (1) :

$$C_a\tau^2 + K_\mathrm{a}\tau - K_\mathrm{a} = 0\ (2)$$

Les valeurs de $\mathrm{p}K_\mathrm{a} = -\log K_\mathrm{a}$ et C_a, étant des constantes, on va donc résoudre l'équation du second degré (2) avec τ comme seule inconnue.

III.4 Utilisation de Python pour déterminer le taux d'avancement final

Compétences

▷ Résoudre une équation du second degré.

On importe les bibliothèques nécessaires et on définit les constantes en Python :

```python
import numpy as np #pour définir un vecteur
import matplotlib.pyplot as plt # pour le tracé
Ca = 0.1#mol/L
pKa = 4.8
Ka = 10**(-pKa)
```

Puis, on définit une fonction eq_2nddegre qui permet de résoudre une équation du second degré de coefficients a, b et c :

```
def eq_2nddegre(a,b,c):
    Delta = b**2-4*a*c#discriminant
    if Delta<0:
        print("le␣polynome␣n'a␣pas␣de␣racines␣reelles")
        return None
    elif Delta==0:#une seule racine
        return -b/(2*a)
    else:#racines réelles
        x1=(-b-np.sqrt(Delta))/(2*a)
        x2=(-b+np.sqrt(Delta))/(2*a)
        return x1,x2
```

On fait appel à cette fonction pour résoudre l'équation (2), on ne conserve que la solution positive que l'on exprime ensuite en pourcent :

```
#coefficients de l'équation (2)
a = Ca
b = Ka
c = -Ka
#Résolution
x1,x2 = eq_2nddegre(a,b,c)
print("les␣solutions␣sont",x1,x2)
print("taux␣en␣%",x2*100)
```

On obtient un taux d'avancement final de $\tau = 1,3$ % pour p$K_a = 4,8$ et $C_a = 1{,}0 \cdot 10^{-1}\,\text{mol} \cdot \text{L}^{-1}$.

De la même manière, $\tau = 4,0$ % pour p$K_a = 4,8$ et $C_a = 1{,}0 \cdot 10^{-2}\,\text{mol} \cdot \text{L}^{-1}$.

Il semblerait que plus la solution acide est diluée, plus le taux d'avancement final de la réaction de l'acide sur l'eau est élevé. Ceci reste à vérifier pour plusieurs valeurs de concentration.

III.5 Tracé du taux d'avancement final en fonction de la valeur de la concentration de la solution

On peut ensuite reprendre l'étude en faisant varier les valeurs de C_a sur l'intervalle $[1{,}0 \cdot 10^{-6}, 1{,}0 \cdot 10^{-1}]$ mol · L^{-1}. On étudie donc des solutions de moins en moins diluées. Pour chaque valeur de C_a, on en déduit la valeur du taux d'avancement final de la transformation τ.

```
Ca = np.linspace(1E-6,1.0E-1,100)#vecteur de valeurs de Ca
```

```
pKa = 4.8
Ka = 10**(-pKa)
tau = []#liste des taux
for C in Ca : #on itère sur Ca
    x1,x2 = eq_2nddegre(C,Ka,-Ka)#on résout
    tau.append(x2)#on garde la racine>0
```

On peut tracer les valeurs de τ en fonction des valeurs de C_a :

```
plt.plot(Ca,tau,'-',label='couple␣CH3COOH/CH3COO-,
    ␣pKa=4,8')
plt.title ("Evolution␣du␣taux␣d'avancement␣en␣
    fonction␣de␣Ca")
plt.xlabel("Ca␣(mol/L)")
plt.ylabel("taux␣d'avancement␣final")
plt.legend()
plt.show()
```

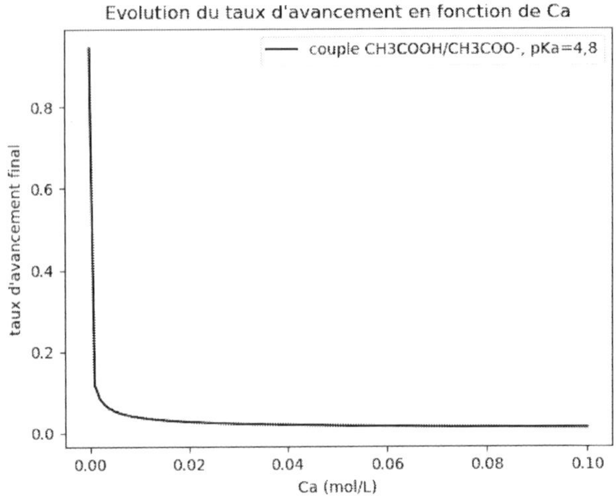

Fig. 04 Évolution du taux d'avancement final en fonction de C_a

Plus la solution acide est diluée, plus le taux d'avancement final de la transformation est élevé.

III.6 Tracé du taux d'avancement final en fonction de la valeur du pKa

On reprend cette fois l'étude en faisant varier les valeurs de pK_a, ce qui revient à changer de couple acide-base considéré. Pour chaque valeur de pK_a, on en déduit la valeur du taux d'avancement final de la transformation :

```
Ca = 0.01#mol/L, concentration constante
pKa = np.linspace(0.1,13.9,100)#vecteur des pKa
tau = []
for pK in pKa :#on itère sur les pKa
    Ka = 10**(-pK)
    x1,x2 = eq_2nddegre(C,Ka,-Ka)#on résout
    tau.append(x2)#on garde la racine >0
```

On peut tracer les valeurs de τ en fonction des valeurs de pK_a :

```
plt.plot(pKa,tau,'-',label='concentration Ca=0,01
    mol/L')
plt.title ("Evolution du taux d'avancement en 
    fonction de pKa")
plt.xlabel("pKa")
plt.ylabel("taux d'avancement final")
plt.legend()
plt.show()
```

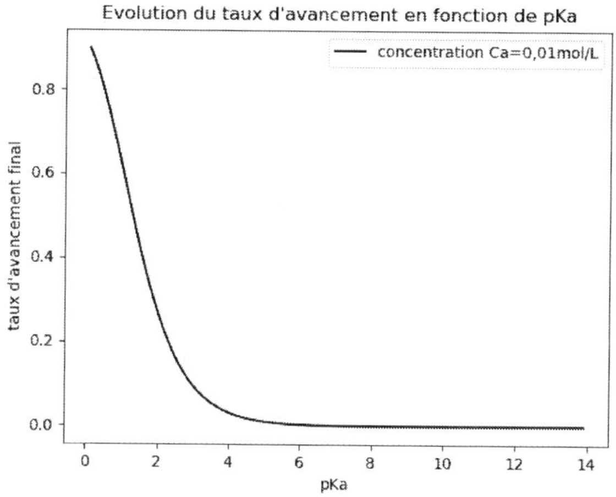

Fig. 05 Évolution du taux d'avancement final en fonction de pK_a

Plus le couple acide base possède un pK_a faible, plus le taux d'avancement final de la transformation est élevé. Ceci est logique car un acide fort possède un pK_a faible et sera fortement dissocié dans l'eau.

IV. Déterminer l'état final d'un système siège d'une transformation modélisée par une réaction à partir de conditions initiales et de la valeur de la constante d'équilibre (MPSI, PTSI, PCSI)

Classes	CPGE 1 MPSI, PTSI pour une réaction, PCSI semestre 1 (on peut envisager une ou deux réactions)
Thème	Constitution et transformations de la matière : description d'un système et de son évolution vers un état final
Notions et contenus	Composition chimique du système à l'état final : état d'équilibre chimique, transformation totale
Capacité numérique	Déterminer, à l'aide d'un langage de programmation, l'état final d'un système, siège d'une transformation, modélisée par une réaction à partir de conditions initiales et de la valeur de la constante d'équilibre.

IV.1 Transformation étudiée et conditions initiales

On s'intéresse à nouveau à de l'acide acétique qui réagit sur de l'eau. On modélise cette transformation par la réaction :

$$\mathrm{CH_3COOH_{(aq)} + H_2O_{(l)} \rightleftarrows CH_3COO^-_{(aq)} + H_3O^+_{(aq)}} \,.$$

Avec la constante d'acidité du couple acide acétique / ion acétate, à 25 °C :

$$K_\mathrm{a} = \frac{[\mathrm{CH_3COO^-}]_\mathrm{eq}\ [\mathrm{H_3O^+}]_\mathrm{eq}}{[\mathrm{CH_3COOH}]_\mathrm{eq} c^\circ} = 10^{-4,8} \ll 1$$

De même, $\mathrm{p}K_\mathrm{a} = -\log K_\mathrm{a} = 4{,}8$ et la constante $c^\circ = 1{,}0\,\mathrm{mol\cdot L^{-1}}$

On considère les mêmes conditions initiales que dans le paragraphe précédent, à savoir un volume total $V_a = 10{,}0\,\mathrm{mL}$ de solution d'acide éthanoïque de concentration $C_a = 0{,}10\,\mathrm{mol\cdot L^{-1}}$. Ce qui donne la quantité de matière initiale d'acide $n_{a0} = C_a V_a = 1{,}0 \cdot 10^{-3}\,\mathrm{mol}$.

IV.2 Expression du quotient réactionnel à l'équilibre

Compétences

▷ Savoir écrire un tableau d'avancement dans le cas d'un équilibre

L'état final de la transformation est un état d'équilibre. On peut dresser le tableau d'avancement :

mol	$CH_3COOH_{(aq)}$	+	$H_2O_{(l)}$	$\rightleftarrows$	$CH_3COO^-_{(aq)}$	+	$H_3O^+_{(aq)}$
état initial	$n_{a0} = C_a V_a$		excès		0		0
E(t)	$n_{a0} - x(t)$		excès		$x(t)$		$x(t)$
état final	$n_{a0} - x_\mathrm{f}$		excès		x_f		x_f

Pour déterminer l'avancement à l'état final x_f, [1] il faut utiliser l'expression de la constante d'acidité :

$$Q_{r,eq} = K_\mathrm{a} = \frac{[CH_3COO^-]_\mathrm{eq}\ [H_3O^+]_\mathrm{eq}}{[CH_3COOH]_\mathrm{eq} c^\circ} = \frac{\dfrac{x_\mathrm{f}^2}{V_a^2}}{\dfrac{C_a V_a - x_\mathrm{f}}{V_a}} = \frac{x_\mathrm{f}^2}{(C_a V_a - x_\mathrm{f}) V_a}$$

On utilise le fait que $c^\circ = 1{,}0\,\mathrm{mol}\cdot\mathrm{L}^{-1}$. Ce qui donne lorsque l'on développe :

$$x_\mathrm{f}^2 + x_\mathrm{f} K_\mathrm{a} V_a - K_\mathrm{a} C_a V_a^2 = 0 \ (1)$$

> *Remarque : il n'est pas essentiel pour la suite de la résolution de développer l'expression afin d'aboutir à une équation du second degré. On pourrait conserver la forme fractionnaire.*

IV.3 Utilisation de la bibliothèque Scipy pour déterminer l'avancement final

Compétences

- ▷ Résoudre une équation de manière approchée avec Python.

Contrairement au paragraphe III, on envisage une résolution numérique de l'équation (1) et non analytique. On importe la bibliothèque nécessaire et on définit les constantes en Python :

```
from scipy import optimize #importe le module
    optimize de scipy
Ca = 0.1#mol/L
pKa = 4.8
Ka = 10**(-pKa)
```

Puis on résout avec le module `optimize` de Scipy (voir chapitre 3) :

1. Par continuité avec le paragraphe précédent, on conserve la notation x pour l'avancement en moles (et non ξ utilisé en CPGE). x est aussi plus simple à noter en Python !

```
x0 = 1E-3 #solution initiale proposée pour l'é
    quation (1)

def f(x):#définition de l'équation (1)
    return x**2+x*Ka*Va-Ka*Ca*Va**2

xf = optimize.fsolve(f,x0) #recherche du zéro
    approché
print("Le␣zero␣proche␣de", x0,"est", xf)
print("Taux", xf*100/(Ca*Va))
```

Le module `optimize` fournit un avancement final (approché) $x_f = 1{,}3 \cdot 10^{-5}$ mol et un taux d'avancement final de $\tau = 1,3\,\%$ pour $\mathrm{p}K_\mathrm{a} = 4,8$ et $C_a = 1{,}0 \cdot 10^{-1}\,\mathrm{mol \cdot L^{-1}}$. Ceci confirme la valeur du taux d'avancement trouvée au paragraphe III.

On connait donc les quantités de matière à l'état final et on peut remplir le tableau d'avancement :

mol	$CH_3COOH_{(aq)}$	+	$H_2O_{(l)}$	$\rightleftarrows$	$CH_3COO^-_{(aq)}$	+	$H_3O^+_{(aq)}$
état initial	$n_{a0} = C_a V_a$		excès		0		0
E(t)	$n_{a0} - x(t)$		excès		$x(t)$		$x(t)$
état final	$9{,}9 \cdot 10^{-4}$		excès		$1{,}3 \cdot 10^{-5}$		$1{,}3 \cdot 10^{-5}$

De la même manière, on trouverait $x_f = 3{,}9 \cdot 10^{-6}$ mol pour $\mathrm{p}K_\mathrm{a} = 4,8$ et $C_a = 1{,}0 \cdot 10^{-2}\,\mathrm{mol \cdot L^{-1}}$.

V. Tracer le diagramme de distribution des espèces d'un couple acide-base (terminale, PCSI)

Classe	Terminale
Thème	Constitution et transformations de la matière : prévoir l'état final d'un système, siège d'une transformation chimique.
Notions et contenus	Comparer la force des acides et des bases. Diagrammes de prédominance et de distribution d'un couple acide- base.
Capacité numérique	Tracer, à l'aide d'un langage de programmation, le diagramme de distribution des espèces d'un couple acide-base de pK_a donné.

Mais aussi au programme de CPGE 1 :

Classes	PCSI chimie options PSI et PC semestre 2
Thème	Constitution et transformations de la matière : transformation chimique en solution aqueuse.
Notions et contenus	Réactions acido-basiques, réactions de dissolution ou de précipitation.
Capacité numérique	Tracer, à l'aide d'un langage de programmation, le diagramme de distribution des espèces d'un ou plusieurs couples acide-base ou d'espèces impliquées dans une réaction de précipitation.

V.1 Transformation étudiée

On reprend la même transformation chimique qu'au paragraphe précédent que l'on modélise par la réaction :

$$CH_3COOH_{(aq)} + H_2O_{(l)} \rightleftharpoons CH_3COO^-_{(aq)} + H_3O^+_{(aq)} \,.$$

Aussi, l'état final de la transformation est un état d'équilibre. On a rappelé la constante d'acidité du couple acide acétique / ion acétate, à 25 °C :

$$K_a = \frac{[CH_3COO^-]_{eq}\ [H_3O^+]_{eq}}{[CH_3COOH]_{eq}c^\circ} = 10^{-4{,}8}$$

Si on utilise le fait que $c^\circ = 1{,}0\,\mathrm{mol\cdot L^{-1}}$ et l'expression $[H_3O^+]_{eq} = 10^{-\mathrm{pH}}$ et que l'on réintroduit cela dans l'expression du K_a, on obtient :

$$K_a = \frac{[CH_3COO^-]_{eq}\ 10^{\,-\mathrm{pH}}}{[CH_3COOH]_{eq}}$$

V.2 Diagramme de distribution : proportions théoriques relatives à chaque espèce

On souhaite tracer le diagramme de distribution des espèces du couple acide-base CH_3COOH/CH_3COO^- en fonction du pH.

Compétences

▷ Savoir calculer les proportions théoriques de chaque espèce d'un couple acide-base

Cela revient à tracer la proportion relative à chaque espèce à l'équilibre, on note p_a (proportion en acide) et p_b (proportion en base) telles que :

$$p_{CH_3COOH} = p_a = \frac{[CH_3COOH]_{eq}}{[CH_3COO^-]_{eq} + [CH_3COOH]_{eq}}$$

$$p_{CH_3COO^-} = p_b = \frac{[CH_3COO^-]_{eq}}{[CH_3COO^-]_{eq} + [CH_3COOH]_{eq}}$$

Avec $p_a + p_b = 1$

On veut donc exprimer p_a et p_b en fonction du pH de la solution. Pour cela, on isole tout d'abord la concentration de l'acide à l'équilibre :

$$[CH_3COOH]_{eq} = \frac{[CH_3COO^-]_{eq}\ [H_3O^+]_{eq}}{K_a} = \frac{[CH_3COO^-]_{eq}\ 10^{-pH}}{K_a}$$

On remplace dans p_a :

$$p_a = \frac{[CH_3COOH]_{eq}}{[CH_3COO^-]_{eq} + [CH_3COOH]_{eq}} = \frac{\dfrac{[CH_3COO^-]_{eq}\ 10^{-pH}}{K_a}}{[CH_3COO^-]_{eq} + \dfrac{[CH_3COO^-]_{eq}\ 10^{-pH}}{K_a}}$$

On simplifie cette expression :

$$p_a = \frac{10^{pK_a - pH}}{1 + 10^{pK_a - pH}} \quad \text{ainsi que} \quad p_b = \frac{1}{1 + 10^{pK_a - pH}}$$

V.3 Tracé du diagramme de distribution avec Python

Compétences

▷ Savoir tracer un diagramme de distribution des espèces d'un couple acide-base

Pour le tracé, on commence par importer les bibliothèques nécessaires, puis on crée un vecteur contenant les valeurs de pH. Ensuite on crée les vecteurs contenant les valeurs des proportions de la forme acide p_a et de base p_b à l'équilibre :

```
import numpy as np #pour définir un vecteur
import matplotlib.pyplot as plt # pour le tracé
pKa = 4.8
pH = np.linspace(0,14,100)#valeurs de pH
pa = 10**(pKa-pH)/(1+10**(pKa-pH))
pb = 1/(1+10**(pKa-pH))
```

On peut alors tracer p_a et p_b en fonction des valeurs de pH :

```
plt.plot(pH,pa,'-',label="proportion␣de␣l'acide")
plt.plot(pH,pb,'+',label="proportion␣de␣la␣base")
plt.title ("Diagramme␣de␣distribution")
plt.xlabel("pH")
plt.ylabel("Proportions")
plt.legend()
plt.show()
```

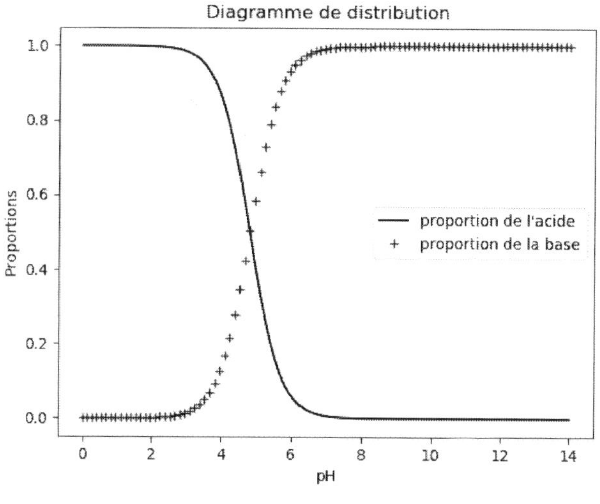

Fig. 06 Diagramme de distribution des espèces du couple CH_3COOH/CH_3COO^-.

On observe que la forme acide est prédominante aux valeurs de pH faibles, à l'inverse de la forme basique. On retrouve que lorsque $[CH_3COOH]_{eq} = [CH_3COO^-]_{eq}$ (alors $p_a = p_b = 0,5$) le pH = pK_a = 4,8.

> *Remarque : ceci se montre facilement avec la relation de Henderson* $pH = pK_a + \log \frac{[CH_3COO^-]}{[CH_3COOH]}$, *toutefois hors programme de terminale.*

VI. Tracer le diagramme de distribution des espèces de plusieurs couples acide-base (PCSI)

Classes	CPGE 1 PCSI chimie options PSI et PC semestre 2
Thème	Constitution et transformations de la matière : transformation chimique en solution aqueuse.
Notions et contenus	Réactions acido-basiques, réactions de dissolution ou de précipitation.
Capacité numérique	Tracer, à l'aide d'un langage de programmation, le diagramme de distribution des espèces d'un ou **plusieurs** couples acide-base ou d'espèces impliquées dans une réaction de précipitation.

VI.1 Transformations étudiées

On s'intéresse à l'acide citrique, qui est un polyacide. On le note H_3A, on écrit les équilibres associés à ses différents pK_a :

$$H_3A_{(aq)} + H_2O_{(l)} \rightleftarrows H_2A^-_{(aq)} + H_3O^+_{(aq)} \quad \text{de constante } K_{a1} = 10^{-3,2}$$

$$H_2A^-_{(aq)} + H_2O_{(l)} \rightleftarrows HA^{2-}_{(aq)} + H_3O^+_{(aq)} \quad \text{de constante } K_{a2} = 10^{-4,7}$$

$$HA^{2-}_{(aq)} + H_2O_{(l)} \rightleftarrows A^{3-}_{(aq)} + H_3O^+_{(aq)} \quad \text{de constante } K_{a3} = 10^{-6,4}$$

VI.2 Diagramme de distribution : proportions théoriques relatives à chaque espèce

On souhaite tracer le diagramme de distribution des espèces présentes en fonction du pH.

Compétences

- ▷ Savoir calculer les proportions théoriques de chaque espèce dans le cas d'un polyacide

On peut montrer les expressions mathématiques suivantes correspondant aux proportions des différentes espèces en solution :

$$p_{H_3A} = \frac{1}{1 + 10^{pH-pK_{a1}} + 10^{2pH-pK_{a1}-pK_{a2}} + 10^{3pH-pK_{a1}-pK_{a2}-pK_{a3}}}$$

$$p_{H_2A^-} = \frac{1}{1 + 10^{pH-pK_{a2}} + 10^{pK_{a1}-pH} + 10^{2pH-pK_{a2}-pK_{a3}}}$$

$$p_{HA^{2-}} = \frac{1}{1 + 10^{pH-pK_{a3}} + 10^{pK_{a2}-pH} + 10^{-2pH+pK_{a1}+pK_{a2}}}$$

$$p_{A^{3-}} = \frac{1}{1 + 10^{-pH+pK_{a3}} + 10^{-2pH+pK_{a2}+pK_{a3}} + 10^{pK_{a1}+pK_{a2}+pK_{a3}-3pH}}$$

VI.3 Tracé du diagramme de distribution avec Python

Compétences

▷ Savoir tracer un diagramme de distribution des espèces dans le cas d'un polyacide

Pour le tracé, on commence par importer la bibliothèque nécessaire, puis on crée un vecteur contenant les valeurs de pH. Puis on crée les vecteurs contenant les valeurs des proportions des différentes espèces. Ce qui donne :

```
import matplotlib.pyplot as plt # pour le tracé
pKa1 = 3.2
pKa2 = 4.7
pKa3 = 6.4
pH = np.linspace(0,14,100)#valeurs de pH

#Proportion de H3A
pH3A = 1/(1+10**(pH-pKa1)+10**(2*pH-pKa1-pKa2)
    +10**(3*pH-pKa1-pKa2-pKa3))
#Proportion de H2A-
pH2A = 1/(1+10**(pH-pKa2)+10**(-pH+pKa1)+10**(2*pH
    -pKa2-pKa3))
#Proportion de HA2-
pHA = 1/(1+10**(pH-pKa3)+10**(-pH+pKa2)+10**(-2*pH
    +pKa2+pKa1))
#Proportion de A3-
pA = 1/(1+10**(-pH+pKa3)+10**(-2*pH+pKa3+pKa2)
    +10**(-3*pH+pKa1+pKa2+pKa3))
```

On peut alors tracer les proportions en fonction des valeurs de pH :

```
plt.plot(pH,pH3A,'--',label="proportion de H3A")
plt.plot(pH,pH2A,'+',label="proportion de H2A-")
plt.plot(pH,pHA,'*',label="proportion de HA2-")
plt.plot(pH,pA,'-',label="proportion de A3-")
plt.title ("Diagramme de distribution pour l'acide citrique")
plt.xlabel("pH")
plt.ylabel("Proportions")
plt.legend()
plt.show()
```

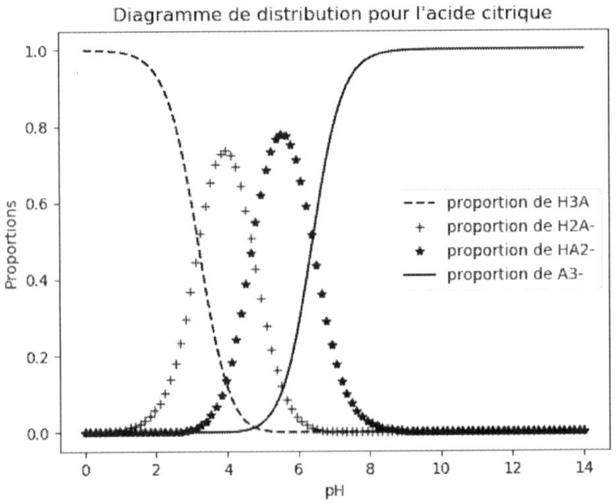

Fig. 07 Diagramme de distribution des espèces pour l'acide citrique

On remarque que l'espèce la plus acide est majoritaire à pH très faible (inférieur à 2 environ), et l'espèce la plus basique à pH supérieur à 8 environ. L'intersection des différentes courbes permet de retrouver les valeurs des différents pK_a : $pK_{a1} = 3,2$, $pK_{a2} = 4,7$, $pK_{a3} = 6,4$.

Chapitre 8.
Cinétique chimique et mécanismes réactionnels

Plan du chapitre

I. Tester une relation donnée entre la vitesse volumique de la réaction et la concentration d'un réactif (terminale) 129

I.1 Transformation étudiée et conditions initiales 129

I.2 Tracé des concentrations en fonction du temps avec Python 130

I.3 Expression de la vitesse de formation du diiode en fonction de la concentration en eau oxygénée 131

I.4 Test de l'expression de la vitesse volumique avec Python 131

II. Vérifier une loi de vitesse (PCSI chimie) 134

II.1 Transformation étudiée et conditions initiales 134

II.2 Tracé des concentrations en fonction du temps avec Python 135

II.3 Expression de la vitesse volumique de la réaction si elle admet un ordre ... 135

II.4 Cas d'une cinétique d'ordre 1 par rapport au réactif H2O2 136

II.5 Vérification de la loi de vitesse avec Python 137

III. Tracer l'évolution temporelle d'une concentration, d'une vitesse volumique de formation ou de consommation, d'une vitesse volumique de réaction (BCPST1) 139

III.1 Transformation étudiée et conditions initiales 139

III.2 Tracé des concentrations en fonction du temps avec Python 140

III.3 Expressions de la vitesse volumique de formation du diiode et de la vitesse volumique de réaction 141

III.4 Tracé de l'évolution temporelle de la vitesse volumique avec Python........ 141

IV. Déterminer un ordre partiel, calculer une constante de vitesse et déterminer une énergie d'activation (BCPST1) 143

IV.1 Transformation étudiée 143

IV.2 Vérification d'un ordre et calcul de constantes de vitesse à différentes températures 144

IV.3 Calcul de l'énergie d'activation 146

V. Mettre en évidence les approximations de l'étape cinétiquement déterminante ou de l'état stationnaire d'un intermédiaire réactionnel (PCSI chimie) 148
V.1 Mécanisme étudié et conditions initiales 148
V.2 Système d'équations différentielles 148
V.3 Résolution numérique du système d'équations différentielles 149
V.4 Tracé des concentrations au cours du temps 149
VI. Mettre en évidence le contrôle cinétique et le contrôle thermodynamique (PCSI chimie) 151
VI.1 Mécanisme étudié et conditions initiales 151
VI.2 Système d'équations différentielles 151
VI.3 Résolution numérique du système d'équations différentielles 152
VI.4 Tracé des concentrations au cours du temps 152
VII. Tracer l'évolution des concentrations dans le cas de deux actes élémentaires opposés : état d'équilibre d'un système (BCPST1) 154
VII.1 Transformation étudiée et conditions initiales 154
VII.2 Système d'équations différentielles 154
VII.3 Résolution numérique du système d'équations différentielles 155
VII.4 Tracé des concentrations au cours du temps 155

I. Tester une relation donnée entre la vitesse volumique de la réaction et la concentration d'un réactif (terminale)

Classe	Terminale
Thème	Constitution et transformations de la matière : modéliser l'évolution temporelle d'un système, siège d'une transformation.
Notions et contenus	Suivre et modéliser l'évolution temporelle d'un système siège d'une transformation chimique.
Capacité numérique	À l'aide d'un langage de programmation et à partir de données expérimentales, tracer l'évolution temporelle d'une concentration, d'une vitesse volumique d'apparition ou de disparition et tester une relation donnée entre la vitesse volumique de disparition et la concentration d'un réactif.

I.1 Transformation étudiée et conditions initiales

On s'intéresse à nouveau à la transformation totale mais lente qui implique l'eau oxygénée et les ions iodure en milieu acide. Elle est modélisée par la réaction chimique :

$$H_2O_{2(aq)} + 2\,I^-_{(aq)} + 2\,H_3O^+_{(aq)} \longrightarrow 4\,H_2O_{(l)} + I_{2(aq)}\,.$$

On obtient de l'eau et du diiode $I_{2(aq)}$. On choisit de placer les ions oxonium et iodure en excès. Ainsi leurs concentrations respectives peuvent être supposées comme constantes dans le temps. La présence de diiode est suivie par spectrophotométrie : l'absorbance A de la solution est proportionnelle à la concentration de diiode.

Par analyse des valeurs d'absorbance, on obtient un tableau contenant les valeurs des concentrations en diiode et en eau oxygénée en fonction du temps :

t (min)	$[I_2]$ $(mol \cdot L^{-1})$	$[H_2O_2]$ $(mol \cdot L^{-1})$
0	0,0	$9{,}5 \cdot 10^{-3}$
1	$2{,}3 \cdot 10^{-3}$	$7{,}1 \cdot 10^{-3}$
2	$4{,}1 \cdot 10^{-3}$	$5{,}4 \cdot 10^{-3}$
3	$5{,}5 \cdot 10^{-3}$	$4{,}0 \cdot 10^{-3}$
4	$6{,}7 \cdot 10^{-3}$	$2{,}8 \cdot 10^{-3}$
5	$7{,}6 \cdot 10^{-3}$	$1{,}9 \cdot 10^{-3}$
6	$8{,}3 \cdot 10^{-3}$	$1{,}2 \cdot 10^{-3}$
7	$8{,}7 \cdot 10^{-3}$	$7{,}6 \cdot 10^{-4}$
8	$9{,}1 \cdot 10^{-3}$	$4{,}3 \cdot 10^{-4}$
9	$9{,}2 \cdot 10^{-3}$	$2{,}9 \cdot 10^{-4}$
10	$9{,}3 \cdot 10^{-3}$	$2{,}0 \cdot 10^{-4}$
11	$9{,}4 \cdot 10^{-3}$	$1{,}0 \cdot 10^{-4}$
12	$9{,}45 \cdot 10^{-3}$	$5{,}0 \cdot 10^{-5}$
13	$9{,}5 \cdot 10^{-3}$	$2{,}0 \cdot 10^{-5}$

I.2 Tracé des concentrations en fonction du temps avec Python

On importe tout d'abord les bibliothèques et on crée des listes contenant les valeurs de temps et de concentration.

```
import numpy as np
import matplotlib.pyplot as plt
t = [i for i in range(14)]#min
I2 = [0,2.3E-3,4.1E-3,5.5E-3,6.7E-3,7.6E-3,8.3E
    -3,8.7E-3,9.1E-3,9.2E-3,9.3E-3,9.4E-3,9.45E
    -3,9.5E-3]
H2O2 = [9.5E-3,7.1E-3,5.4E-3,4.0E-3,2.8E-3,1.9E
    -3,1.2E-3,7.6E-4,4.3E-4,2.9E-4,2.0E-4,1.0E
    -4,5.0E-5,2.0E-5]
```

Compétences

▷ Savoir tracer l'évolution de la concentration d'un réactif et d'un produit en fonction du temps.

```
plt.plot(t,H2O2,'+',label="c_H2O2")
plt.plot(t,I2,'*',label="c_I2")
plt.title ("Evolution des concentrations")
plt.xlabel("temps (min)")
plt.ylabel("Concentrations (mol/L)")
plt.legend()
```

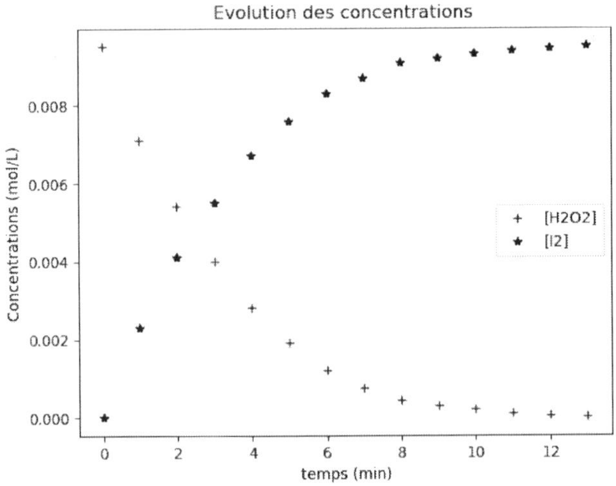

Fig. 01 Tracé des concentrations expérimentales en fonction du temps

Le tracé permet d'illustrer la formation du produit et la consommation du réactif.

> *Remarque : il est aussi possible d'importer les données d'un fichier.*

I.3 Expression de la vitesse de formation du diiode en fonction de la concentration en eau oxygénée

On définit tout d'abord la vitesse volumique de formation du diiode comme :

$$v_{I_2} = \frac{\mathrm{d}\,[I_2]}{\mathrm{d}t}$$

Il s'agit aussi de la vitesse volumique v de la réaction.

> *Remarque : on pourrait aussi s'intéresser à la vitesse de disparition de l'eau oxygénée avec :*
>
> $$v_{dispH_2O_2} = -\frac{d\,[H_2O_2]}{dt}$$

On propose de vérifier que la vitesse volumique de la réaction v s'exprime aussi :

$$v = k[H_2O_2]$$

k est une constante de vitesse en $\min^{-1}$. Si c'est le cas, en traçant les valeurs de vitesse v en fonction des valeurs de la concentration $[H_2O_2]$, on doit obtenir une droite de coefficient directeur k et qui passe par l'origine.

I.4 Test de l'expression de la vitesse volumique avec Python

De manière identique à la vitesse en mécanique (étudiée au chapitre 5), on peut calculer la vitesse volumique de formation du diiode à un instant t_i avec l'approximation suivante :

$$v[i] = \frac{[I_2]\,[i+1] - [I_2]\,[i]}{t[i+1] - t[i]}$$

> *Remarque : pour calculer $v[i]$, on a besoin des valeurs de concentration et de temps au rang $i+1$ ($[I_2]\,[i+1]$ et $t[i+1]$), aussi on ne peut pas calculer la vitesse associée au dernier point d'indice $N-1$ (car $[I_2]\,[N]$ et $t[N]$ ne sont pas définis).*

On crée une liste contenant les valeurs de vitesse :

```
v = []
N = len(t)
for i in range(N-1):
    v.append((I2[i+1]-I2[i])/(t[i+1]-t[i]))
H2O2 = H2O2[0:N-1]#on enlève la derniere valeur
```

On enlève la dernière valeur de concentration de la liste H2O2 afin que v et H2O2 aient le même nombre d'éléments ce qui permettra le tracé.

Compétences

▷ Savoir vérifier une relation donnée de la vitesse

On crée un modèle linéaire (polynôme de degré 1) du type $v_{mod} = k \times [H_2O_2] + b$ à l'aide du module polyfit (voir chapitre 5 pour plus de détails) :

```
k,b = np.polyfit(H2O2,v,1)
v_mod = [k*c+b for c in H2O2]#valeurs modélisées
```

Puis, on va tracer les valeurs expérimentales de vitesse v en fonction des valeurs de concentration d'eau oxygénée et superposer le tracé des valeurs modélisées :

```
plt.plot(H2O2,v,'+',label='Valeurs experimentales')
plt.plot(H2O2,v_mod,'-',label='Valeurs modélisées, k = 0,24min-1, b=1,0E-4')
plt.title ("Test d'une expression de vitesse donnee")
plt.xlabel("Concentration [H2O2] (mol/L)")
plt.ylabel("Vitesse volumique (mol/min/L)")
plt.show()
```

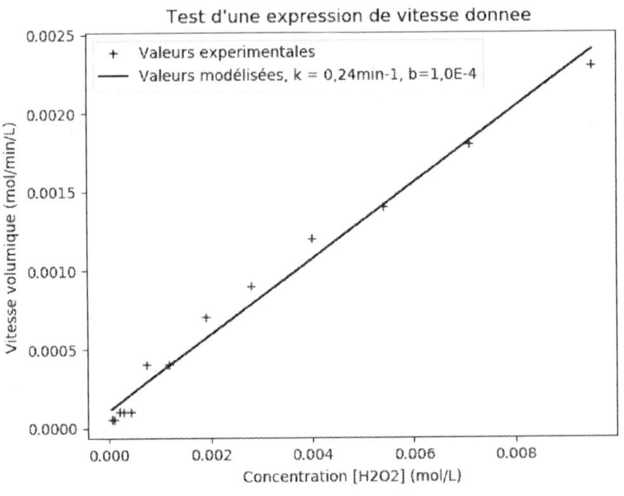

Fig. 02 Vérification de l'expression de la vitesse volumique de réaction

Afin d'obtenir la valeur de la constante de vitesse, il suffit de taper **print** `(k)`.

On constate que les valeurs expérimentales de vitesse v peuvent bien être modélisées de manière *approximative* par une relation du type $v_{mod} = k \times [H_2O_2]$ avec $k = 0{,}24\,\text{min}^{-1}$.

> *Remarque : le calcul de la vitesse est une approximation, aussi la modélisation n'est pas parfaite : la droite modélisée ne passe pas par toutes les valeurs expérimentales. Pour améliorer l'adéquation au modèle, on pourrait choisir de ne pas passer par le calcul de la dérivée (donc de la vitesse). Ceci sera abordé dans le paragraphe suivant « Vérifier une loi de vitesse ». On pourrait aussi gagner à mener à bien l'expérience à plusieurs reprises : les points expérimentaux présentés ici ne sont pas parfaits. Le tracé des intervalles de confiance pour chaque valeur mesurée permettrait également de mieux apprécier le tracé obtenu.*

II. Vérifier une loi de vitesse (PCSI chimie)

Classe	CPGE1 : PCSI, programme de chimie, premier semestre
Thème	Évolution temporelle d'un système siège d'une transformation chimique.
Notions et contenus	Cinétique en réacteur fermé de composition uniforme. Lois de vitesse.
Capacité numérique	À l'aide d'un langage de programmation ou d'un logiciel dédié et à partir de données expérimentales, tracer l'évolution temporelle d'une concentration, d'une vitesse volumique de formation ou de consommation, d'une vitesse de réaction et tester une loi de vitesse donnée.

II.1 Transformation étudiée et conditions initiales

On reprend la transformation chimique lente abordée dans le paragraphe précédent modélisée par la réaction :

$$H_2O_{2(aq)} + 2\,I^-_{(aq)} + 2\,H_3O^+_{(aq)} \longrightarrow 4\,H_2O_{(liq)} + I_{2(aq)}\,.$$

On a fait réagir de l'eau oxygénée $H_2O_{2(aq)}$ avec des ions iodure $I^-_{(aq)}$ en milieu acide. On obtient de l'eau et du diiode $I_{2(aq)}$. Les ions oxonium et iodure sont placés en excès. Ainsi leurs concentrations respectives ne vont pas varier en fonction du temps.

Dans le paragraphe précédent, on a fourni les valeurs expérimentales (des concentrations en diiode et en eau oxygénée en fonction du temps) suivantes :

t (min)	$[I_2]$ $(\text{mol}\cdot\text{L}^{-1})$	$[H_2O_2]$ $(\text{mol}\cdot\text{L}^{-1})$
0	0,0	$9{,}5\cdot 10^{-3}$
1	$2{,}3\cdot 10^{-3}$	$7{,}1\cdot 10^{-3}$
2	$4{,}1\cdot 10^{-3}$	$5{,}4\cdot 10^{-3}$
3	$5{,}5\cdot 10^{-3}$	$4{,}0\cdot 10^{-3}$
4	$6{,}7\cdot 10^{-3}$	$2{,}8\cdot 10^{-3}$
5	$7{,}6\cdot 10^{-3}$	$1{,}9\cdot 10^{-3}$
6	$8{,}3\cdot 10^{-3}$	$1{,}2\cdot 10^{-3}$
7	$8{,}7\cdot 10^{-3}$	$7{,}6\cdot 10^{-4}$
8	$9{,}1\cdot 10^{-3}$	$4{,}3\cdot 10^{-4}$
9	$9{,}2\cdot 10^{-3}$	$2{,}9\cdot 10^{-4}$
10	$9{,}3\cdot 10^{-3}$	$2{,}0\cdot 10^{-4}$
11	$9{,}4\cdot 10^{-3}$	$1{,}0\cdot 10^{-4}$
12	$9{,}45\cdot 10^{-3}$	$5{,}0\cdot 10^{-5}$
13	$9{,}5\cdot 10^{-3}$	$2{,}0\cdot 10^{-5}$

II.2 Tracé des concentrations en fonction du temps avec Python

Compétences

▷ Savoir tracer l'évolution de la concentration d'un réactif et d'un produit en fonction du temps

Il suffit de se reporter au paragraphe (I-2) de ce chapitre pour les instructions Python. Pour rappel, on obtient le graphique :

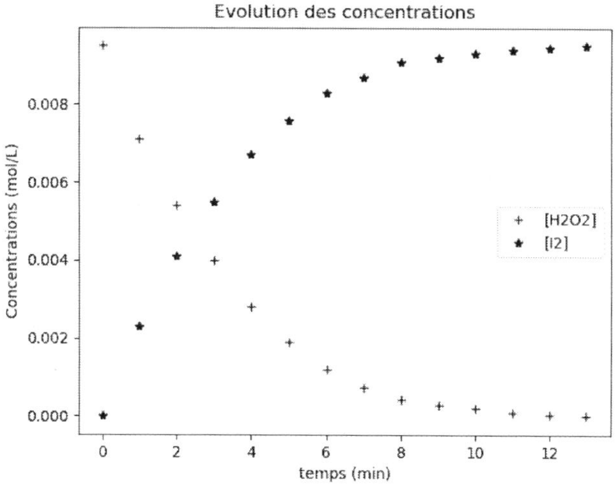

Fig. 03 Tracé des concentrations en fonction du temps

II.3 Expression de la vitesse volumique de la réaction si elle admet un ordre

On va appliquer la *méthode de la dégénérescence de l'ordre* explicitement au programme de PCSI.

On note p l'ordre partiel par rapport à l'eau oxygénée, et q l'ordre partiel par rapport aux ions iodure. Si la réaction admet un ordre, la vitesse volumique v de la réaction s'exprime :

$$v = k[H_2O_2]^p[I^-]_0^q = k_{app}[H_2O_2]^p \qquad \text{avec} \qquad k_{app} = k[I^-]_0^q$$

On a appliqué la méthode de la dégénérescence de l'ordre car les ions iodure sont en excès et leur concentration ne varie pas. On note leur concentration $[I^-] = [I^-]_0$. k_{app} est la constante de vitesse apparente de la réaction (en min^{-1}).

Compétences

▷ Savoir formuler une hypothèse sur une loi de vitesse.

On voudra vérifier par la suite que l'ordre partiel par rapport à l'eau oxygénée est $p = 1$ ce qui donne comme loi de vitesse : $v = k_{\text{app}}[H_2O_2]$

II.4 Cas d'une cinétique d'ordre 1 par rapport au réactif H2O2

On va appliquer la *méthode intégrale* explicitement au programme de PCSI.

On choisit une valeur d'ordre partiel par rapport à l'eau oxygénée : $p = 1$. Les expressions de la vitesse volumique v de la réaction et de la loi de vitesse donnent une équation différentielle faisant intervenir la variable $[H_2O_2]$:

$$v = \frac{1}{-1}\frac{d[H_2O_2]}{dt} = k_{\text{app}}[H_2O_2]$$

Ou encore :

$$d[H_2O_2] = -\,k_{\text{app}}\,[H_2O_2]\,dt\,.$$

En séparant les variables, on peut alors intégrer entre l'instant $t = 0$ et un instant t quelconque :

$$\int_{[H_2O_2]_0}^{[H_2O_2](t)} \frac{d[H_2O_2]}{[H_2O_2]} = -\,k_{\text{app}}t$$

Ce qui donne finalement :

$$\ln\frac{[H_2O_2](t)}{[H_2O_2]_0} = -\,k_{\text{app}}t$$

Compétences

▷ Savoir vérifier une loi de vitesse donnée.

Si on trace $\ln\dfrac{[H_2O_2]}{[H_2O_2]_0}$ en fonction du temps et que l'on obtient une droite, cela permet de vérifier que l'ordre partiel par rapport à l'eau oxygénée vaut bien 1. Le coefficient directeur de la droite vaudra $-k_{\text{app}}$.

> *Remarque : on peut aussi bien sûr tracer* $\ln[H_2O_2]$ *en fonction du temps.*

II.5 Vérification de la loi de vitesse avec Python

On importe les bibliothèques (pour les fonctions mathématiques et pour le tracé) et on crée une liste de temps et un vecteur contenant les valeurs de concentration expérimentale.

```
import numpy as np
import matplotlib.pyplot as plt
t = [i for i in range(14)]#min
H2O2 = np.array([9.5E-3,7.1E-3,5.4E-3,4.0E-3,2.8E-3,1.9E-3,1.2E-3,7.6E-4,4.3E-4,2.9E-4,2.0E-4,1.0E-4,5E-5,2.0E-5])
```

On crée ensuite un vecteur contenant le résultat du calcul $\ln \frac{[H_2O_2]}{[H_2O_2]_0}$ pour chacune des valeurs de concentration en eau oxygénée (attention le logarithme népérien s'obtient avec `np.log` grâce à la bibliothèque numpy) :

```
lnH2O2 = np.log(H2O2/H2O2[0])
```

Compétences

▷ A l'aide d'un langage de programmation, savoir vérifier une loi de vitesse donnée

On crée un modèle linéaire du type `lnH2O2_mod` $= k \times t + b$ à l'aide du module `polyfit` (voir chapitre 5 pour plus de détails) :

```
k,b = np.polyfit(t,lnH2O2,1)
lnH2O2_mod = [k*tps+b for tps in t]#modèle
```

L'ordonnée à l'origine b vaut en théorie zéro. Puis on trace les valeurs expérimentales en fonction des valeurs de temps et on superpose le tracé des valeurs modélisées :

```
plt.plot(t,lnH2O2,'+',label='Valeurs experimentales')
plt.plot(t,lnH2O2_mod,'-',label='Valeurs modélisées, kapp = 0,46min-1, b=0.43')
plt.title ("Test de la loi de vitesse $v = k_{app}[H2O2]^1$")
plt.xlabel("temps (min)")
plt.ylabel("$ln([H2O2]/[H2O2]_0)$")
plt.xlim(0,14)#on fixe l'échelle en abscisse
plt.ylim(-7,1)#on fixe l'échelle en ordonnée
plt.legend()
plt.show()
```

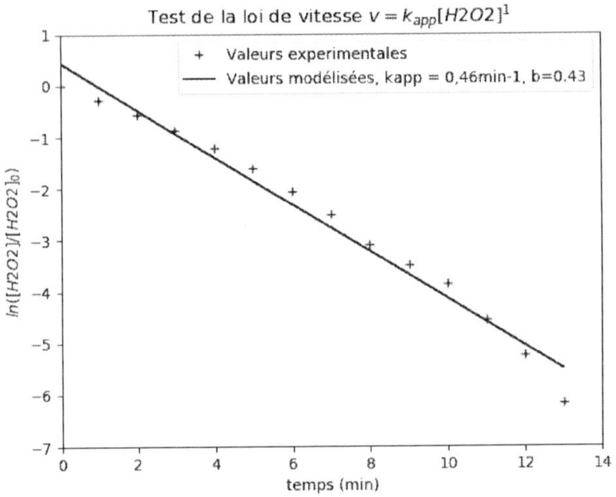

Fig. 04 Vérification d'une loi de vitesse

On constate que les valeurs expérimentales de $\ln \dfrac{[H_2O_2]}{[H_2O_2]_0}$ peuvent bien être modélisées de manière approximative par une relation du type `lnH2O2_mod` $= k \times t + b$: ceci *valide l'hypothèse d'ordre partiel 1 pour l'eau oxygénée.*

On obtient avec la commande **print** (k) la valeur de la constante de vitesse au signe près : $k_{\text{app}} = 0{,}46\,\text{min}^{-1}$.

> *Remarque : contrairement au paragraphe (I-4), le calcul de la vitesse n'est plus à remettre en cause ici (car on ne s'en sert pas), néanmoins les valeurs expérimentales ne passent pas toutes par la droite modélisée. Pour améliorer l'adéquation au modèle, on gagnerait à mener à bien l'expérience à plusieurs reprises. On pourrait aussi choisir de ne pas prendre en compte les dernières valeurs de concentration. Ceci permettrait de retrouver une ordonnée à l'origine b plus proche de zéro.*

On obtient le même ordre de grandeur pour la constante de vitesse qu'au paragraphe (I-4), mais avec un facteur 2, ce à partir des mêmes données expérimentales. La différence s'explique par l'approximation effectuée lors du calcul de la vitesse dans le (I-4). On conservera donc la valeur $k_{\text{app}} = 0{,}46\,\text{min}^{-1}$ qui est plus précise mais loin d'être idéale (à cause des imprécisions expérimentales).

III. Tracer l'évolution temporelle d'une concentration, d'une vitesse volumique de formation ou de consommation, d'une vitesse volumique de réaction (BCPST1)

Classe	BCPST1
Thème	Constitution et transformations de la matière.
Notions et contenus	Transformations de la matière : évolution temporelle d'un système. Modélisation macroscopique : lois de vitesse et loi d'Arrhénius.
Capacité numérique	À l'aide d'un langage de programmation et à partir de données expérimentales, tracer l'évolution temporelle d'une concentration, d'une vitesse volumique de formation ou de consommation, d'une vitesse volumique de réaction.

Cette capacité numérique est très proche de celle demandée en classe de terminale (voir paragraphe I).

III.1 Transformation étudiée et conditions initiales

On conserve la transformation étudiée depuis le début du chapitre modélisée par la réaction :

$$H_2O_{2(aq)} + 2\,I^-_{(aq)} + 2\,H_3O^+_{(aq)} \longrightarrow 4\,H_2O_{(liq)} + I_{2(aq)}\,.$$

On fait réagir de l'eau oxygénée $H_2O_{2(aq)}$ avec des ions iodure $I^-_{(aq)}$ en milieu acide. On place les ions oxonium et iodure en excès.

Par analyse des valeurs d'absorbance, on obtient un tableau contenant les valeurs des concentrations en diiode et en eau oxygénée en fonction du temps :

t (min)	$[I_2]$ ($mol \cdot L^{-1}$)	$[H_2O_2]$ ($mol \cdot L^{-1}$)
0	0,0	$9{,}5 \cdot 10^{-3}$
1	$2{,}3 \cdot 10^{-3}$	$7{,}1 \cdot 10^{-3}$
2	$4{,}1 \cdot 10^{-3}$	$5{,}4 \cdot 10^{-3}$
3	$5{,}5 \cdot 10^{-3}$	$4{,}0 \cdot 10^{-3}$
4	$6{,}7 \cdot 10^{-3}$	$2{,}8 \cdot 10^{-3}$
5	$7{,}6 \cdot 10^{-3}$	$1{,}9 \cdot 10^{-3}$
6	$8{,}3 \cdot 10^{-3}$	$1{,}2 \cdot 10^{-3}$
7	$8{,}7 \cdot 10^{-3}$	$7{,}6 \cdot 10^{-4}$
8	$9{,}1 \cdot 10^{-3}$	$4{,}3 \cdot 10^{-4}$
9	$9{,}2 \cdot 10^{-3}$	$2{,}9 \cdot 10^{-4}$
10	$9{,}3 \cdot 10^{-3}$	$2{,}0 \cdot 10^{-4}$
11	$9{,}4 \cdot 10^{-3}$	$1{,}0 \cdot 10^{-4}$
12	$9{,}45 \cdot 10^{-3}$	$5{,}0 \cdot 10^{-5}$
13	$9{,}5 \cdot 10^{-3}$	$2{,}0 \cdot 10^{-5}$

III.2 Tracé des concentrations en fonction du temps avec Python

Comme ce paragraphe est tout à fait identique à ce qui est attendu en classe de terminale et PCSI (paragraphes I et II de ce chapitre), on ira à l'essentiel afin d'éviter trop de répétitions.

Compétences

▷ Savoir tracer l'évolution temporelle des concentrations

```
import matplotlib.pyplot as plt#bibliothèque pour
    le tracé
t = [i for i in range(14)]#min
I2 = [0,2.3E-3,4.1E-3,5.5E-3,6.7E-3,7.6E-3,8.3E
    -3,8.7E-3,9.1E-3,9.2E-3,9.3E-3,9.4E-3,9.45E
    -3,9.5E-3]
H2O2 = [9.5E-3,7.1E-3,5.4E-3,4.0E-3,2.8E-3,1.9E
    -3,1.2E-3,7.6E-4,
4.3E-4,2.9E-4,2.0E-4,1.0E-4,5.0E-5,2.0E-5]
plt.plot(t,H2O2,'+',label="c_H2O2")
plt.plot(t,I2,'*',label="c_I2")
plt.title ("Evolution des concentrations")
plt.xlabel("temps (min)")
plt.ylabel("Concentrations (mol/L)")
plt.legend()
plt.plot()
```

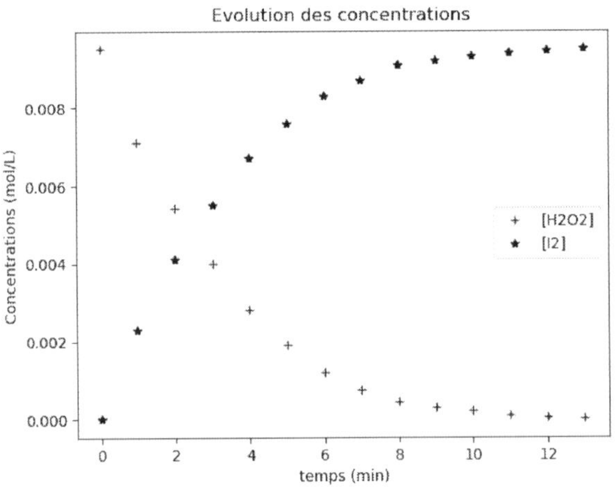

Fig. 05 Tracé des concentrations en fonction du temps

Le tracé permet d'illustrer la formation du produit et la consommation du réactif.

III.3 Expressions de la vitesse volumique de formation du diiode et de la vitesse volumique de réaction

A nouveau ceci a été abordé dans le paragraphe II. On définit la *vitesse volumique de formation du diiode* comme :

$$v_{I_2} = +\frac{d[I_2]}{dt}$$

Il s'agit aussi de la vitesse *volumique* v de la réaction.

> *Remarque : on définit aussi la vitesse de disparition de l'eau oxygénée avec :*
>
> $$v_{dispH_2O_2} = -\frac{d[H_2O_2]}{dt}$$

III.4 Tracé de l'évolution temporelle de la vitesse volumique avec Python

Compétences

▷ Savoir tracer l'évolution de la vitesse volumique expérimentale en fonction du temps.

On peut calculer la vitesse volumique de formation du diiode à un instant t_i avec l'approximation suivante :

$$v[i] = \frac{[I_2][i+1] - [I_2][i]}{t[i+1] - t[i]}$$

> *Remarque : il s'agit d'une vitesse numérique. Pour calculer $v[i]$, on a besoin des valeurs de concentration et de temps au rang $i+1$ ($[I_2][i+1]$ et $t[i+1]$), aussi on ne peut pas calculer la vitesse associée au dernier point d'indice $N-1$ (car $[I_2][N]$ et $t[N]$ ne sont pas définis).*

On crée ensuite une liste contenant les valeurs de vitesse numérique :

```python
v = []
N = len(t)
for i in range(N-1):
    v.append((I2[i+1]-I2[i])/(t[i+1]-t[i]))
```

On va tracer ces valeurs de vitesse v en fonction du temps. Pour cela, on enlève la dernière valeur de temps de la liste `t` afin que les listes `v` et `t` aient le même nombre d'éléments ce qui permettra le tracé :

```python
t = t[0:N-1]#on enlève la dernière valeur
```

Puis, il suffit de tracer les valeurs de vitesse numérique v en fonction des valeurs de temps :

```
plt.plot(t,v,'+')
plt.title ("Tracé de la vitesse volumique de la réaction")
plt.xlabel("Temps (min)")
plt.ylabel("Vitesse volumique (mol/min/L)")
plt.show()
```

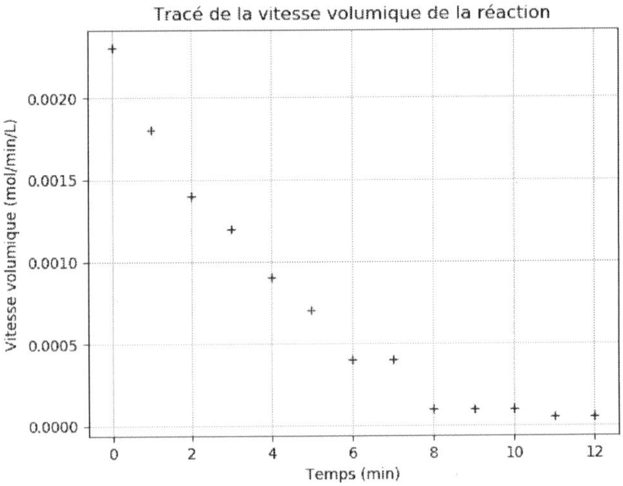

Fig. 06 Tracé des valeurs expérimentales de vitesse volumique de réaction

On constate que pour des valeurs de temps élevées, la vitesse de réaction volumique tend vers zéro, ce qui signifie que la réaction cesse.

> *Remarque : le calcul de la vitesse est une approximation, donc les valeurs obtenues ne sont pas exactes. Ceci est d'autant plus vrai pour des valeurs faibles de vitesse (partie droite du graphique).*

IV. Déterminer un ordre partiel, calculer une constante de vitesse et déterminer une énergie d'activation (BCPST1)

Classe	BCPST1
Thème	Constitution et transformations de la matière.
Notions et contenus	Transformations de la matière : évolution temporelle d'un système. Modélisation macroscopique : lois de vitesse et loi d'Arrhénius.
Capacité numérique	À l'aide d'un langage de programmation et à partir de données expérimentales, déterminer les ordres partiels, la constante de vitesse et l'énergie d'activation.

Si le lecteur ne s'intéresse qu'à la détermination d'un ordre partiel et d'une constante de vitesse, se reporter au paragraphe II car ceci a été traité dans le cadre du programme de PCSI.

En revanche, pour déterminer une énergie d'activation, il faut disposer de valeurs de la constante de vitesse à différentes valeurs de température. Aussi on va s'intéresser à une autre transformation pour laquelle on dispose d'un suivi cinétique à diverses températures.

IV.1 Transformation étudiée

On s'intéresse à la molécule de théophylline notée Th (présente dans les feuilles de thé) et qui a longtemps été un médicament utilisé dans le traitement de l'asthme et des bronchites chroniques. Celui-ci a été abandonné à cause de ses effets secondaires sur le cœur.

On injecte une dose de théophylline à un patient et on mesure la concentration dans le sang en fonction du temps écoulé après injection. La transformation chimique de dissociation de la théophylline (supposée totale mais lente) est modélisée par la réaction suivante :

$$\text{Th} \rightarrow \text{produits}$$

Les mesures ci-dessous ont été obtenues pour des patients dont la température corporelle est de $T_1 = 37{,}2\,°\text{C}$, $T_2 = 40{,}5\,°\text{C}$ et $T_3 = 39\,°\text{C}$:

t (h)	[Th] (T_1) $(\text{mg} \cdot \text{L}^{-1})$	[Th] (T_2) $(\text{mg} \cdot \text{L}^{-1})$	[Th] (T_3) $(\text{mg} \cdot \text{L}^{-1})$
1	16,4	13,5	15,0
2	13,4	9,0	11,2
3	11,0	6,0	8,4
4	8,99	4,0	6,24
5	7,36	2,72	4,66

IV.2 Vérification d'un ordre et calcul de constantes de vitesse à différentes températures

On fait l'hypothèse d'un ordre 1 par rapport à Th. On a vu dans le paragraphe II-4 que la relation suivante doit être vérifiée :

$$\ln[\text{Th}](t) = -kt + \ln[\text{Th}]_0$$

Avec k la constante de vitesse en h.

Si on trace ln[Th] en fonction du temps et que l'on obtient une droite, cela permet de vérifier que l'ordre de la réaction est bien 1. Le coefficient directeur vaudra $-k$.

Pour vérifier cela, on crée une liste pour le temps et un array contenant les valeurs de concentration expérimentale. On crée de plus un vecteur contenant le résultat du calcul ln[Th] pour chacune des valeurs de concentration aux températures T_1 et T_2 (on pourrait bien sûr le faire aussi pour T_3) :

```
import numpy as np
import matplotlib.pyplot as plt
t = [1,2,3,4,5]#temps en h
Th1 = np.array([16.4,13.4,11,8.99,7.36])#à T1
Th2 = np.array([13.5,9.0,6.0,4.0,2.72])#à T2
lnTh1 = np.log(Th1)
lnTh2 = np.log(Th2)
```

Compétences

- ▷ À l'aide d'un langage de programmation, savoir vérifier une hypothèse sur l'ordre et calculer une constante de vitesse

On crée un modèle du type `lnTh_mod` $= k \times t + b$ à l'aide du module `polyfit` :

```
k1,b1 = np.polyfit(t,lnTh1,1) #modèle à T1
lnTh1_mod = [k1*tps+b1 for tps in t]
k2,b2 = np.polyfit(t,lnTh2,1)#modèle à T2
lnTh2_mod = [k2*tps+b2 for tps in t]
```

Puis on trace les valeurs expérimentales en fonction des valeurs de temps et on superpose le tracé des valeurs modélisées :

```
plt.plot(t,lnTh1,'+',label='Valeurs experimentales à T1')
plt.plot(t,lnTh1_mod,'-',label='Valeurs modélisées à T1, k = 0,2h-1')
```

```
plt.plot(t,lnTh2,'x',label='Valeurs experimentales à T2')
plt.plot(t,lnTh2_mod,'-',label='Valeurs modélisées à T2, k = 0,4h-1')
plt.title ("Vérification d'une cinétique d'ordre 1")
plt.xlabel("temps (h)")
plt.ylabel("$ln[Th]$")
plt.legend()
plt.xlim(0,6)
plt.show()
```

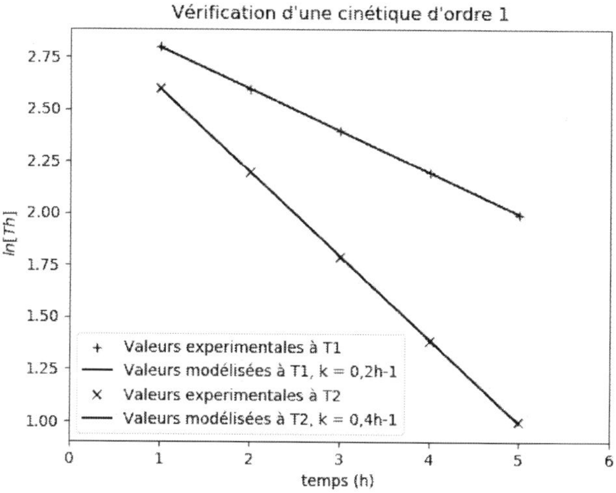

Fig. 07 Vérification d'un ordre, calcul de constantes de vitesse

Les valeurs mesurées semblent bien pouvoir être modélisées par une relation du type `lnTh_mod` $= k \times t + b$ ce qui valide l'hypothèse d'*ordre 1.*

On obtient avec un **print** `(k1,k2)` les valeurs des constantes de vitesse au signe près :

$$k(T_1) = 0{,}2\,\mathrm{h}^{-1} \text{ et } k(T_2) = 0{,}4\,\mathrm{h}^{-1}$$

On trouverait de même $k(T_3) = 0{,}3\,\mathrm{h}^{-1}$ en effectuant l'analyse à T_3.

IV.3 Calcul de l'énergie d'activation

D'après la loi d'Arrhénius, une constante de vitesse s'exprime en fonction de la température :

$$k(T) = k_0 \, \mathrm{e}^{\frac{-E_a}{RT}}$$

Avec k_0, un facteur pré-exponentiel (dans la même unité que k) et E_a, l'énergie d'activation exprimée en J.mol^{-1}. Ainsi :

$$\ln k(T) = \ln k_0 - \frac{E_a}{RT}$$

On peut donc tracer $\ln k$ en fonction de l'inverse de la température $\frac{1}{T}$ (T en kelvins), ce qui doit donner une droite dont le coefficient directeur vaut $\frac{-E_a}{R}$. On importe les bibliothèques puis on crée deux arrays correspondant aux valeurs de $\ln k$ et $\frac{1}{T}$:

```
import numpy as np
import matplotlib.pyplot as plt
R = 8.314 #constante des gaz parfaits, en J/mol/K
T = np.array([37.2+273,39+273,40.5+273])#en K
k = np.array([0.2,0.3,0.4])#en h-1
lnk = np.log(k) #ln(k)
invT = 1/T #inverse de T
```

Puis on effectue une régression linéaire comme vu dans les paragraphes précédents à l'aide de `polyfit` :

```
a,b = np.polyfit(invT,lnk,1)
lnk_mod = [a*i+b for i in invT]#modèle
print(-a*R,np.exp(b))#valeurs de Ea,k0
```

On obtient : $E_a = 170{,}2\,\mathrm{kJ \cdot mol^{-1}}$ et $k_0 = 9{,}3 \cdot 10^{27}\,\mathrm{h^{-1}}$. Il est bien sûr possible d'effectuer le tracé correspondant à la régression linéaire afin de vérifier que le modèle de la droite passe bien par les points expérimentaux :

```
plt.plot(invT,lnk,'+',label='Valeurs expé
    rimentales')
plt.plot(invT,lnk_mod,'-',label='Valeurs modélisé
    es')
plt.title ("Recherche de l'énergie d'activation")
plt.xlabel("1/T")
plt.ylabel("$lnk$")
plt.legend()
plt.show()
```

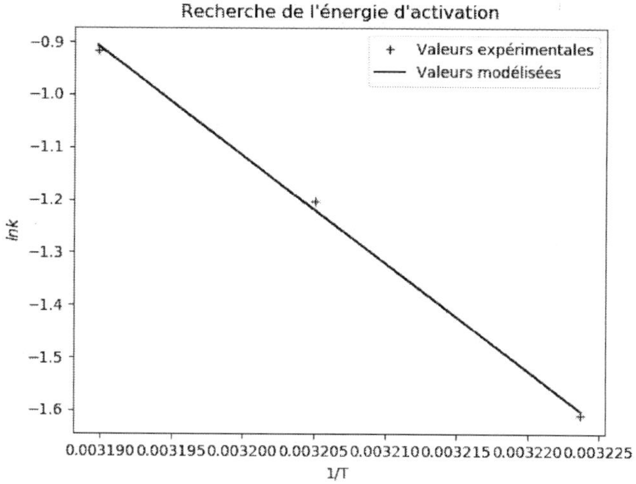

Fig. 08 Vérification de la loi d'Arrhénius

On gagnerait à avoir plus de données expérimentales à diverses températures. On ne peut obtenir finalement que trois points ce qui est bien maigre pour une droite...

V. Mettre en évidence les approximations de l'étape cinétiquement déterminante ou de l'état stationnaire d'un intermédiaire réactionnel (PCSI chimie)

Classe	CPGE 1 : PCSI second semestre, option PC
Thème	Transformations de la matière : évolution d'un système et mécanisme réactionnel.
Notions et contenus	Modélisation microscopique d'un système chimique : modélisation d'une transformation par un mécanisme constitué par plusieurs actes élémentaires successifs ; étape cinétiquement déterminante, loi de vitesse associée.
Capacité numérique	Établir un système d'équations différentielles et le résoudre numériquement afin de visualiser l'évolution des concentrations au cours du temps dans le cas d'un mécanisme à deux actes élémentaires successifs. Mettre en évidence les approximations de l'étape cinétiquement déterminante ou de l'état stationnaire d'un intermédiaire réactionnel.

V.1 Mécanisme étudié et conditions initiales

On s'intéresse au mécanisme réactionnel suivant, composé de deux actes élémentaires qui respectent chacun la loi de Van't Hoff :

$$\begin{cases} (1)\ \mathrm{A} \xrightarrow{k_1} \mathrm{B} & \text{de loi de vitesse } v_1 = k_1 C_A \\ (2)\ \mathrm{B} \xrightarrow{k_2} \mathrm{C} & \text{de loi de vitesse } v_2 = k_2 C_B \end{cases}$$

On envisage deux cas :

- ▷ Cas 1 : $k_1 = 4\,\mathrm{min}^{-1}, k_2 = 1\,\mathrm{min}^{-1}$
- ▷ Cas 2 : $k_1 = 1\,\mathrm{min}^{-1}, k_2 = 25\,\mathrm{min}^{-1}$, B est consommé bien plus facilement qu'il n'est formé.

On choisit comme condition initiale $C_{A0} = 0{,}1\,\mathrm{mol \cdot L^{-1}}$. Le réactif A est pur.

V.2 Système d'équations différentielles

On veut tracer avec Python l'évolution des concentrations des espèces chimiques sur l'intervalle de temps $[0, 3]$min. On peut écrire tout d'abord les trois équations différentielles correspondant aux concentrations des trois espèces présentes :

$$\frac{\mathrm{d}C_A}{\mathrm{d}t} = -k_1 C_A$$
$$\frac{\mathrm{d}C_B}{\mathrm{d}t} = k_1 C_A - k_2 C_B$$
$$\frac{\mathrm{d}C_C}{\mathrm{d}t} = k_2 C_B$$

V.3 Résolution numérique du système d'équations différentielles

Compétences

▷ Savoir résoudre un système d'équations différentielles d'ordre 1

Pour la résolution numérique, on impose les conditions initiales : $C_A(t = 0) = C_{A0}, C_B(t = 0) = 0, C_C(t = 0) = 0$. On importe tout d'abord les bibliothèques :

```
from scipy.integrate import odeint#pour résoudre
import numpy as np#pour les vecteurs
import matplotlib.pyplot as plt#pour les tracés
```

On définit les constantes. On crée un vecteur t contenant les valeurs de temps. Par exemple pour le cas 1 :

```
k1 = 4 #min-1
k2 = 1 #min-1
t = np.linspace(0,3,100) #100 valeurs
C0 = [CA0,0,0] #conditions initiales CA0, CB0, CC0
```

On résout avec Scipy (voir chapitre 3) :

```
def F(C,t):#définition des termes de droite
    CA,CB,CC = C
    return np.array([-k1*CA,k1*CA-k2*CB,k2*CB])

valeurs_C = odeint(F,C0,t)#résolution
```

V.4 Tracé des concentrations au cours du temps

Compétences

▷ Savoir tracer le résultat d'une simulation

Puis il suffit de tracer les trois concentrations en fonction du temps :

```
CA = valeurs_C[:,0]#CA en colonne 0
CB = valeurs_C[:,1]#CB en colonne 1
CC = valeurs_C[:,2]#CC en colonne 2
plt.plot(t,CA,'+',label='CA(t)')
plt.plot(t,CB,'-',label='CB(t)')
plt.plot(t,CC,'*',label='CC(t)')
plt.title ("Cas 1 : k1 = 4min^-1, k2=1min^-1")
plt.xlabel("temps (min)")
```

```
plt.ylabel("Concentrations␣(mol/L)")
plt.legend()
plt.show()
```

On peut faire de même pour le cas 2. Les tracés pour les cas 1 et 2 donnent :

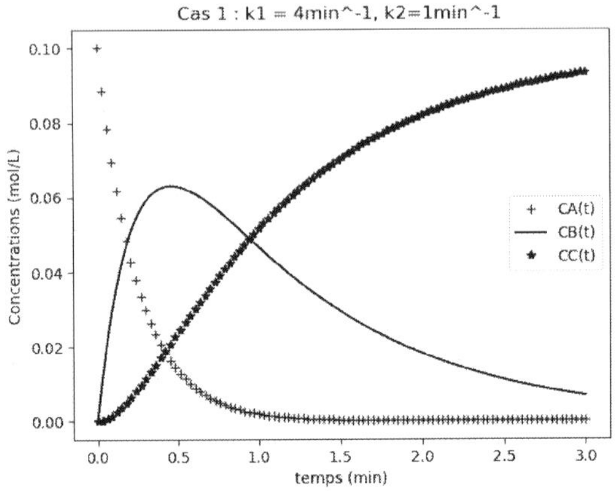

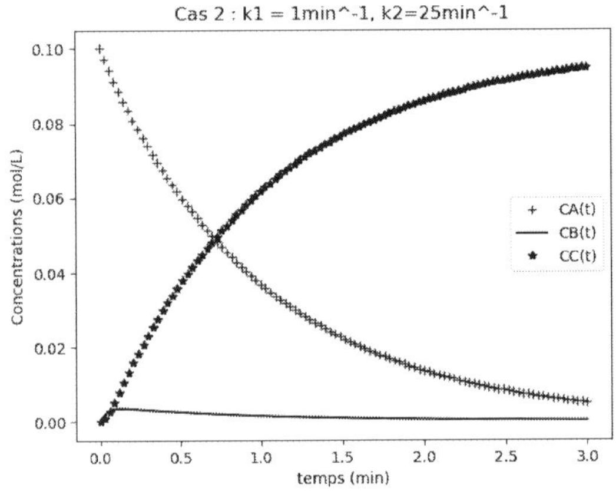

Fig. 09 Tracés des concentrations au cours du temps

Le cas 2 met en évidence le fait que l'intermédiaire réactionnel B est formé plus difficilement qu'il n'est consommé. On peut considérer qu'après une courte durée d'induction, la concentration de cet intermédiaire réactionnel reste quasi-constante au cours du temps :

Pour le cas 2 : assez rapidement $C_B \simeq$ cte, soit $\dfrac{\mathrm{d}C_B}{\mathrm{d}t} \simeq 0$

L'intermédiaire réactionnel B se trouve dans un état quasi-stationnaire.

VI. Mettre en évidence le contrôle cinétique et le contrôle thermodynamique (PCSI chimie)

Classe	CPGE 1 : PCSI second semestre
Thème	Transformations de la matière : évolution d'un système et mécanisme réactionnel
Notions et contenus	Modélisation microscopique d'un système chimique : contrôle cinétique, contrôle thermodynamique.
Capacité numérique	Établir un système d'équations différentielles et le résoudre numériquement avec un langage de programmation, afin de visualiser l'évolution des concentrations au cours du temps pour mettre en évidence les situations de contrôle cinétique ou thermodynamique.

VI.1 Mécanisme étudié et conditions initiales

On étudie pour cela deux réactions compétitives, renversables où A, B, C sont des espèces chimiques :

$$\begin{cases} (1)\ \mathrm{A} \underset{k_{-1}}{\overset{k_1}{\rightleftarrows}} \mathrm{B} & \text{avec les lois de vitesse } v_1 = k_1 C_A \text{ et } v_{-1} = k_{-1} C_B \\ (2)\ \mathrm{A} \underset{k_{-2}}{\overset{k_2}{\rightleftarrows}} \mathrm{C} & \text{avec les lois de vitesse } v_2 = k_2 C_A \text{ et } v_{-2} = k_{-2} C_C \end{cases}$$

A peut former les produits B et C.

On va étudier deux cas pour lesquels, on donne les constantes de vitesse suivantes :

- ▷ Cas 1 : $k_1 = 4\,\text{min}^{-1}, k_{-1} = 3{,}5\,\text{min}^{-1}$, $k_2 = 1\,\text{min}^{-1}, k_{-2} = 0{,}5\,\text{min}^{-1}$.
  B et C sont formés plus facilement qu'ils ne sont consommés. La réaction (1) se fait aussi relativement facilement dans le sens indirect.
- ▷ Cas 2 : $k_1 = 4\,\text{min}^{-1}, k_{-1} = 1\,\text{min}^{-1}$, $k_2 = 1\,\text{min}^{-1}, k_{-2} = 0{,}5\,\text{min}^{-1}$.
  B et C sont formés plus facilement qu'ils ne sont consommés. La réaction (1) ne se fait pas aussi facilement dans le sens indirect.

On choisit comme condition initiale $C_{A0} = 0{,}1\,\text{mol}\cdot\text{L}^{-1}$. Le réactif A est pur.

VI.2 Système d'équations différentielles

On veut tracer avec Python l'évolution des concentrations des espèces chimiques sur l'intervalle de temps $[0, 6]$min. On peut écrire tout d'abord les trois équations différentielles correspondant aux concentrations des trois espèces présentes :

$$\frac{\mathrm{d}C_A}{\mathrm{d}t} = -k_1 C_A - k_2 C_A + k_{-1} C_B + k_{-2} C_C$$
$$\frac{\mathrm{d}C_B}{\mathrm{d}t} = k_1 C_A - k_{-1} C_B$$
$$\frac{\mathrm{d}C_C}{\mathrm{d}t} = k_2 C_A - k_{-2} C_C$$

VI.3 Résolution numérique du système d'équations différentielles

Compétences

▷ Savoir résoudre de manière approchée un système d'équations différentielles d'ordre 1

Pour la résolution numérique, on impose les conditions initiales : $C_A(t = 0) = C_{A0}, C_B(t = 0) = 0, C_C(t = 0) = 0$. On importe tout d'abord les bibliothèques :

```
from scipy.integrate import odeint#pour résoudre
import numpy as np#pour les vecteurs
import matplotlib.pyplot as plt#pour tracer
```

On définit les constantes correspondant au cas 1 (le cas 2 se développe à l'identique). On crée un vecteur t contenant les valeurs de temps :

```
k1,  k1inv = 4, 3.5#en min-1
k2, k2inv = 1, 0.5#en min-1
t = np.linspace(0,6,100)#100 points pour le tracé
```

On résout de manière approchée avec Scipy (voir chapitre 3) :

```
C0 = [CA0,0,0]#conditions initiales CA0, CB0, CC0
def F(C,t):#definition des termes de droite
    CA,CB,CC = C
    return np.array([-k1*CA-k2*CA+k1inv*CB+k2inv*
       CC,k1*CA-k1inv*CB,k2*CA-k2inv*CC])

valeurs_C = odeint(F,C0,t)#resolution
```

VI.4 Tracé des concentrations au cours du temps

Compétences

▷ Savoir tracer le résultat d'une simulation

Il suffit de tracer pour le cas 1, puis pour le cas 2 (code non développé) :

```
CA = valeurs_C[:,0]#CA en colonne 0
CB = valeurs_C[:,1]#CB en colonne 1
CC = valeurs_C[:,2]#CC en colonne 2
plt.plot(t,CA,'+',label='CA(t)')
plt.plot(t,CB,'-',label='CB(t)')
plt.plot(t,CC,'*',label='CC(t)')
plt.title ("Cas␣1␣:␣B␣produit␣cinetique␣et␣C␣
    produit␣thermodynamique")
```

```
plt.xlabel("temps␣(min)")
plt.ylabel("Concentrations␣(mol/L)")
plt.legend()
plt.show()
```

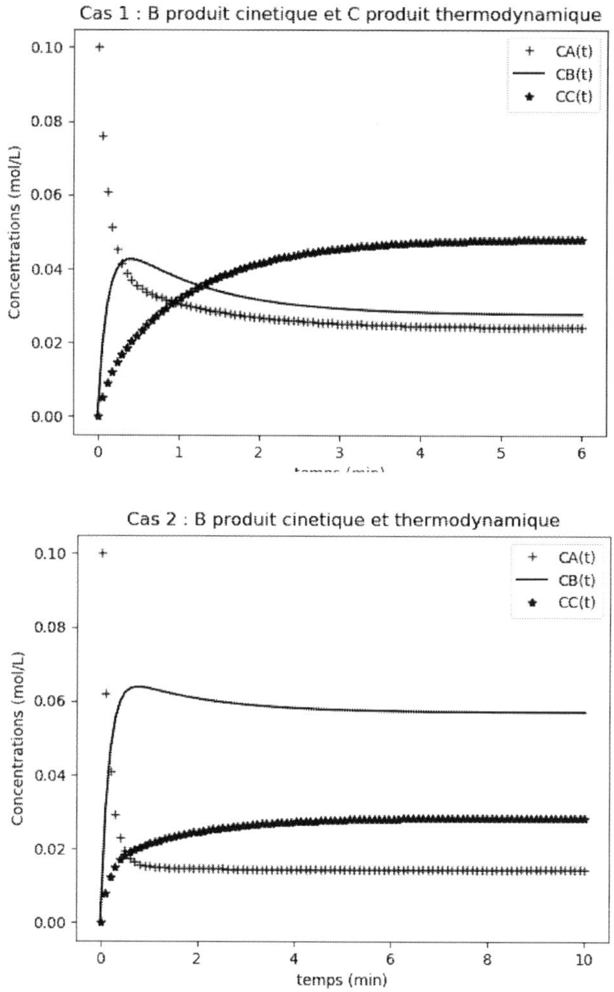

Fig. 010 Cas 1 et cas 2 : tracés des concentrations au cours du temps

Cas 1 : le produit **cinétique** est le produit B qui se forme donc plus rapidement que C. Le produit C est le produit **thermodynamique**.

Cas 2 : le produit B est à la fois le produit **cinétique** et le produit **thermodynamique**.

VII. Tracer l'évolution des concentrations dans le cas de deux actes élémentaires opposés : état d'équilibre d'un système (BCPST1)

Classe	BCPST1
Thème	Constitution et transformations de la matière.
Notions et contenus	Transformations de la matière : évolution temporelle d'un système. Modélisation microscopique : mécanismes réactionnels et lois de vitesse dans des cas simples. Modélisation d'une transformation par deux actes élémentaires opposés, état d'équilibre d'un système.
Capacité numérique	À l'aide d'un langage de programmation tracer l'évolution des concentrations par résolution numérique de l'équation différentielle.

VII.1 Transformation étudiée et conditions initiales

On considère à présent une transformation modélisée par deux actes élémentaires opposés :

$$\mathrm{A} \underset{k_{-1}}{\overset{k_1}{\rightleftarrows}} \mathrm{B} \qquad \text{avec les lois de vitesse } v_1 = k_1 C_A \text{ et } v_{-1} = k_{-1} C_B$$

k_1 est la constante de vitesse de la réaction dans le sens direct, et k_{-1}, celle de la réaction dans le sens indirect avec : $k_1 = 4\,\mathrm{min}^{-1}, k_{-1} = 3{,}5\,\mathrm{min}^{-1}$. La réaction ne se fait pas aussi facilement dans le sens indirect que dans le sens direct.

On choisit comme condition initiale $C_{A0} = 0{,}1\,\mathrm{mol \cdot L^{-1}}$. Le réactif A est pur.

VII.2 Système d'équations différentielles

On veut tracer avec Python l'évolution des concentrations des espèces chimiques sur l'intervalle de temps $[0, 2]$min. On peut écrire tout d'abord les deux équations différentielles correspondant aux concentrations des espèces présentes :

$$\frac{\mathrm{d}C_A}{\mathrm{d}t} = -k_1 C_A + k_{-1} C_B$$
$$\frac{\mathrm{d}C_B}{\mathrm{d}t} = k_1 C_A - k_{-1} C_B$$

VII.3 Résolution numérique du système d'équations différentielles

Compétences

▷ Savoir résoudre un système d'équations différentielles d'ordre 1

Pour la résolution numérique approchée on impose les conditions initiales : $C_A(t = 0) = C_{A0}, C_B(t = 0) = 0$. On importe tout d'abord les bibliothèques :

```
from scipy.integrate import odeint#pour résoudre
import numpy as np#pour les vecteurs
import matplotlib.pyplot as plt#pour les tracés
```

On définit les constantes et on crée un vecteur `t` contenant les valeurs de temps :

```
CA0 = 0.1#mol/L
k1 = 4 #constante de vitesse de (1)
k1inv = 3.5#constante de vitesse de (1) dans le
    sens indirect
t = np.linspace(0,2,100)#100 valeurs de 0 à 2min
```

On résout le système d'équations différentielles de manière approchée avec Scipy :

```
C0 = [CA0,0] #conditions initiales CA0, CB0

def F(C,t):#definition des termes de droite
    CA,CB = C
    return np.array([-k1*CA+k1inv*CB,k1*CA-k1inv*
        CB])

valeurs_C = odeint(F,C0,t)#resolution
```

VII.4 Tracé des concentrations au cours du temps

Compétences

▷ Savoir tracer le résultat d'une simulation

Puis il suffit de tracer :

```
CA = valeurs_C[:,0]#CA en colonne 0
CB = valeurs_C[:,1]#CB en colonne 1

plt.plot(t,CA,'+',label='CA(t)')
plt.plot(t,CB,'-',label='CB(t)')
```

```
plt.title ("Réaction équilibrée modélisée par deux actes élémentaires")
plt.xlabel("temps (min)")
plt.ylabel("Concentrations (mol/L)")
plt.legend()
plt.show()
```

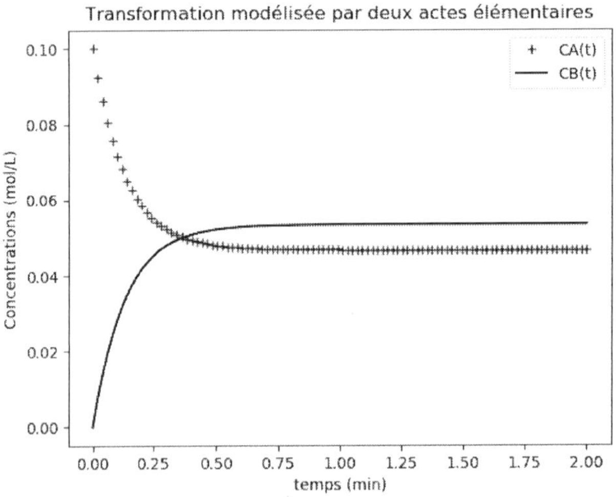

Fig. 011 Transformation modélisée par deux actes élémentaires

On remarque qu'après un court régime transitoire, le système atteint un équilibre thermodynamique pour lequel les concentrations valent `CA[-1]` et `CB[-1]` que l'on notera $C_{A,\infty}$ et $C_{B,\infty}$:

$C_{A,\infty} = 0{,}0466\,\text{mol}\cdot\text{L}^{-1}, C_{B,\infty} = 0{,}0533\,\text{mol}\cdot\text{L}^{-1}$.

On remarque que le rapport $\dfrac{C_{A,\infty}}{C_{B,\infty}} = \dfrac{k_{-1}}{k_1} = 0,875$

> *Remarque : ainsi si les constantes de vitesse sont identiques pour la réaction dans le sens direct et dans le sens indirect on aura :*
> $\dfrac{C_{A,\infty}}{C_{B,\infty}} = \dfrac{k_{-1}}{k_1} = 1$

Chapitre 9.
Thermodynamique

Plan du chapitre

I. Comparer le comportement d'un gaz réel au modèle du gaz parfait sur des réseaux d'isothermes expérimentales (MPSI, PTSI, PCSI) 158

I.1 Installation de la bibliothèque Coolprop 158

I.2 Tracé de quelques isothermes dans le diagramme de Clapeyron 158

I.3 Comparaison d'une isotherme tracée pour un gaz réel et pour un gaz parfait 162

II. Étudier les variations de pression et température de l'atmosphère (PCSI) ... 164

II.1 Modèle de l'atmosphère isotherme 164

II.2 Modèle de l'atmosphère adiabatique.. 167

I. Comparer le comportement d'un gaz réel au modèle du gaz parfait sur des réseaux d'isothermes expérimentales (MPSI, PTSI, PCSI)

Classe	CPGE1 : MPSI, PTSI et PCSI physique
Thème	Descriptions microscopique et macroscopique d'un système à l'équilibre.
Notions et contenus	Du gaz réel au gaz parfait.
Capacité exigible	Comparer le comportement d'un gaz réel au modèle du gaz parfait sur des réseaux d'isothermes expérimentales en coordonnées de Clapeyron ou d'Amagat.

Il n'y a pas de capacité numérique liée au tracé d'isothermes. Ce paragraphe permet le tracé d'isothermes dans le diagramme de Clapeyron qui pourraient être ensuite exploitées en TD.

I.1 Installation de la bibliothèque Coolprop

Il existe une bibliothèque `Coolprop` disponible dans Pyzo qui permet notamment de récupérer des données thermodynamiques de différents composés. Il faut tout d'abord télécharger la bibliothèque `Coolprop` ce qui ne se fait pas par défaut lorsque l'on installe Pyzo (contrairement à `numpy`, `matplotlib` etc.).
Pour cela dans le *shell* il faut taper : `pip install CoolProp`
Si l'installation se fait correctement vous devez visualiser dans le shell :

```
Collecting CoolProp
  Downloading https://files.pythonhosted.org/
     packages/...
Installing collected packages: CoolProp
Successfully installed CoolProp-6.4.1
```

I.2 Tracé de quelques isothermes dans le diagramme de Clapeyron

On va récupérer les données relatives à l'eau dans `Coolprop` puis :

- ▷ tracer les courbes d'ébullition et de rosée dans un diagramme de Clapeyron c'est à dire (P, v), avec P la pression et v le volume massique. On choisit de tracer P en bar et v en $m^3.kg^{-1}$ et d'utiliser une échelle log-log.
- ▷ tracer quelques isothermes correspondant à de l'eau sous forme de vapeur (il s'agit alors d'un gaz réel).

Toutes les fonctionnalités de `Coolprop` sont expliquées sur le site :

http ://www.coolprop.org/coolprop/HighLevelAPI.html

On importe tout d'abord les bibliothèques nécessaires :

```
import numpy as np #pour les arrays
import CoolProp.CoolProp as CP#pour les donnees
    thermodynamiques
import matplotlib.pyplot as plt#pour le tracé
```

On fera appel à la fonction `PropsSI` dans ce chapitre. La syntaxe pour utiliser les données thermodynamiques relatives à un fluide sera :
`CP.PropsSI('donnée␣à␣récupérer','parametre␣1',valeur 1, 'parametre␣2', valeur 2,'fluide')`
voir à nouveau *http ://www.coolprop.org/*

Compétences

▷ Savoir utiliser une fonction spécifique à la thermodynamique

`PropsSI` utilise des abréviations afin d'accéder aux différentes variables thermodynamiques. À savoir :
▷ 'P' pour pression (en Pa)
▷ 'T' pour température (en K)
▷ 'D' pour masse volumique (en $kg \cdot m^{-3}$)
▷ 'Q' pour fraction en vapeur

a) Courbes d'ébullition et de rosée

On commence par préparer les données relatives aux courbes d'ébullition et de rosée.

> *Remarque : ceci n'est pas nécessaire, cela permet juste de mieux visualiser la position des isothermes sur le diagramme.*

Compétences

▷ Savoir récupérer des données thermodynamiques

On récupère les valeurs de température critique et pression critique :

```
Tc = CP.PropsSI('Tcrit','Water')#T critique
Pc = CP.PropsSI('Pcrit','Water')#P critique
```

Ce qui donne $T_c = 647{,}096\,\text{K}$ et $P_c = 22\,064\,000{,}0\,\text{Pa}$.

On crée un array de valeurs de pression en Pascal, on récupère les données relatives à la masse volumique pour les courbes de rosée et d'ébullition. Puis pour obtenir v, on utilise le fait que $v = \frac{1}{\rho}$:

```
P_sat = np.linspace(1e4,Pc,num=100)#pression de
    vapeur saturante
```

```
veb = 1/CP.PropsSI('D','P',P_sat,'Q',0,'water')#on accède à la masse volumique
vros = 1/CP.PropsSI('D','P',P_sat,'Q',1,'water')#idem
```

b) Isothermes dites d'Andrews

Compétences

▷ Savoir préparer les axes pour le tracé d'isothermes pour un gaz réel

On va tracer quelques isothermes correspondant à l'eau sous forme vapeur. On choisira des valeurs de température $T = [673, 773, 873]$ K. Ces valeurs sont supérieures à la température critique.

On fixe des limites pour le calcul et le tracé des isothermes :

```
v_min = 1e-3 #m3.kg^-1
v_max = 12 #m3.kg^-1
P_min = 1e-1 #bar
P_max = 500 #bar
```

On crée un array de valeurs de v espacées de manière adéquate vis à vis du tracé des isothermes en échelle log-log à venir. L'utilisation de `linspace` ne donnerait pas un tracé satisfaisant. On doit pour une fois utiliser `logspace` qui crée lui aussi un array :

```
v = np.logspace(np.log10(v_min),np.log10(v_max),num=50)#axe des abscisses en m3/kg, 50 valeurs espacées correctement
```

On récupère les données relatives à la pression aux trois températures étudiées que l'on convertit en bar :

```
P_673 = 1e-5 * CP.PropsSI('P','T',673,'D',1/v,'water')#isoT T=673K, P en bar
P_773 = 1e-5 * CP.PropsSI('P','T',773,'D',1/v,'water')#isoT T=773K, P en bar
P_873 = 1e-5 * CP.PropsSI('P','T',873,'D',1/v,'water')#isoT T=873K, P en bar
```

c) Tracé des isothermes dans un diagramme de Clapeyron

Compétences

▷ Visualiser des isothermes pour un gaz réel

On effectue le tracé :

```
plt.loglog()#échelle log-log
plt.plot(v_eb,1e-5 * P_sat)#courbe d'ebullition
plt.plot(v_ros,1e-5 * P_sat)#courbe de rosée
plt.plot(v,P_673,"k--",label="T=673K")
plt.plot(v,P_773,"k-",label="T=773K")
plt.plot(v,P_873,"k+",label="T=873K")
plt.xlim(v_min, v_max)#on fixe l'échelle des
    abscisses
plt.ylim(P_min, P_max)#on fixe l'échelle des
    ordonnées
plt.title("Diagramme␣de␣Clapeyron␣de␣l'eau")
plt.xlabel("v␣(m3/kg)")
plt.ylabel("P␣(bar)")
plt.grid()
plt.legend()
plt.show()
```

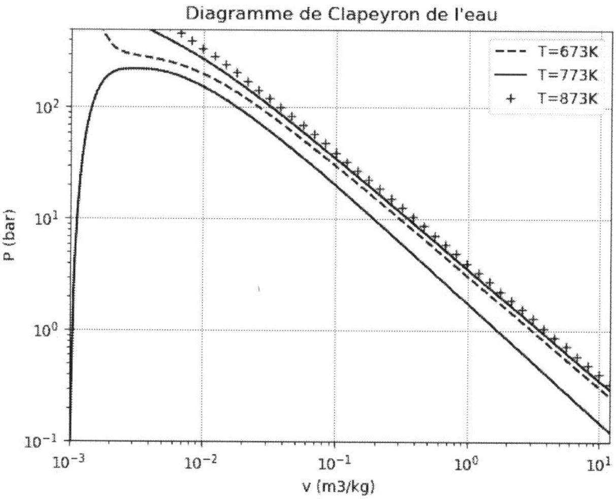

Fig. 01 Tracé de trois isothermes dans un diagramme de Clapeyron

Les trois isothermes sont situées en majeure partie dans le domaine où l'eau est sous forme de vapeur, mais elles sont également tracées dans le domaine supercritique, voire liquide.

> *Remarque : les lignes de code précédentes donnent des isothermes tracées en noir. On recommande toutefois un tracé en couleur pour une meilleure lisibilité.*

I.3 Comparaison d'une isotherme tracée pour un gaz réel et pour un gaz parfait

On choisit de tracer une isotherme pour $T = 773\,\mathrm{K}$ pour l'eau en tant que gaz réel puis en tant que gaz parfait.

Compétences

- ▷ Comparer le comportement d'un gaz réel et pour le modèle du gaz parfait sur des isothermes expérimentales

Pour le tracé des isothermes, on prépare tout d'abord l'axe des abscisses (un array de valeurs de v) et l'axe des ordonnées (un array correspondant aux valeurs de pression pour l'isotherme du gaz réel) :

```
v = np.logspace(np.log10(v_min),np.log10(v_max), num=50)#axe des abscisses, 50 valeurs
P_773 = 1e-5 * CP.PropsSI('P','T',773,'D',1/v,'water')#isotherme à T=773K
```

Dans le cas de l'hypothèse du gaz parfait, on peut calculer la pression comme suit :

$$PV = nRT$$

On sait que $n = \frac{m}{M}$ et que $v = \frac{V}{m}$. Soit en introduisant le volume massique v dans l'expression de P :

$$P = \frac{m}{VM}RT = \frac{RT}{M}\frac{1}{v}$$

Pour le tracé, on veillera à passer la pression P en bar et à rentrer les constantes R, T, M en unités SI. On peut alors calculer la pression correspondant au gaz parfait soit la variable `P_GP` :

```
R = 8.314
T2 = 773#K
M = 18E-3 #masse molaire de l'eau en kg.mol-1
P_GP = [R*T2/(M*vi*1E5) for vi in v] #en bar
```

Il suffit à présent de superposer le tracé des isothermes (variable P_773 pour le gaz réel, variable P_GP pour le gaz parfait) à $T = 773\,\mathrm{K}$:

```
plt.loglog()#échelle log-log
plt.plot(v_eb,1e-5 * P_sat,color='k')#eb
plt.plot(v_ros,1e-5 * P_sat,color='k')#rosée
plt.plot(v,P_773,"k-",label="Gaz reel T=773K")
plt.plot(v,P_GP,"k--",label="GP T=773K")
plt.xlim(v_min, v_max)
plt.ylim(P_min, P_max)
plt.title("Comparaison gaz reel, gaz parfait")
plt.xlabel("v (m3/kg)")
plt.ylabel("P (bar)")
plt.grid()
plt.legend()
plt.show()
```

Les courbes ci-dessous sont réalisées en noir mais bénéficieraient d'un peu de couleur pour mieux les distinguer.

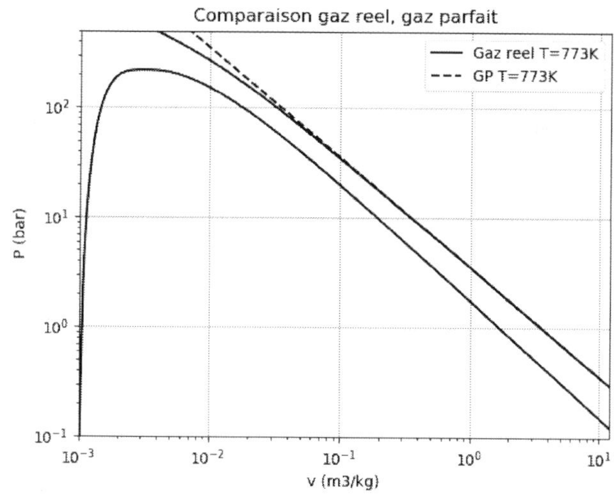

Fig. 02 Comparaison du comportement gaz réel et gaz parfait dans un diagramme de Clapeyron

Les tracés sont assez proches sauf pour des valeurs de pressions élevées. On peut considérer assez raisonnablement, à la température considérée et à pression atmosphérique, la vapeur d'eau comme un gaz parfait. Il est assez simple de réaliser ce tracé pour d'autres valeurs de température et d'arriver à la même conclusion.

II. Étudier les variations de pression et température de l'atmosphère (PCSI)

Classe	CPGE1 : PCSI physique semestre 2
Thème	Statique des fluides dans un référentiel galiléen.
Notions et contenus	Statique des fluides dans le champ de pesanteur uniforme. Exprimer l'évolution de la pression avec l'altitude dans le cas de l'atmosphère isotherme dans le modèle du gaz parfait.
Capacité numérique	À l'aide d'un langage de programmation, étudier les variations de température et de pression dans l'atmosphère.

II.1 Modèle de l'atmosphère isotherme

a) Problème étudié

On s'intéresse à l'évolution de la pression dans l'atmosphère. On cherche par exemple à savoir comment la pression évolue entre le niveau de la mer et le sommet d'une montagne. On essaie ici de comprendre pourquoi il semble plus difficile de respirer au sommet d'une montagne qu'au niveau de la mer.

Dans le cas de l'hypothèse de l'*atmosphère isotherme*, on suppose une température homogène quelle que soit l'altitude.

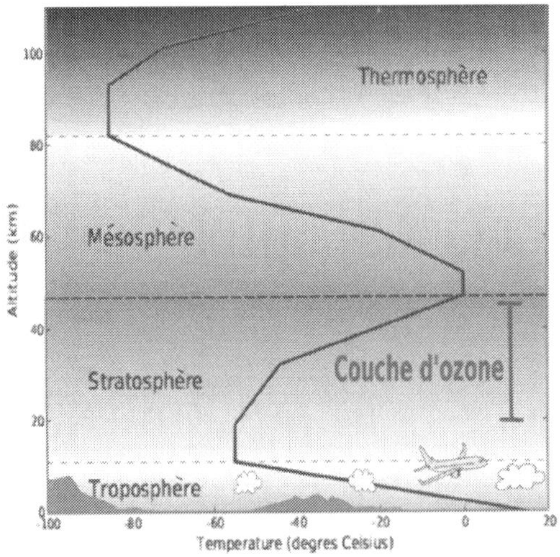

Fig. 03 Couches de l'atmosphère : extrait wikimediacommons

Ce modèle est en réalité uniquement valable dans la couche de l'atmosphère appelée *tropopause*. Cette zone est située entre la troposphère (au-dessous) et la stratosphère (au-dessus). Elle se situe à une altitude d'environ 17 km à l'équateur jusqu'à

9 km aux pôles. La *tropopause* est la partie la plus froide de la basse atmosphère (−50 °C à −65 °C).

b) Expression de la pression en fonction de l'altitude

Le cours de physique a permis d'introduire :

▷ l'équation de la statique des fluides : $\mathrm{d}P = -\rho g \mathrm{d}z$ avec P la pression, z l'altitude, g l'accélération de la pesanteur et ρ la masse volumique du fluide considéré.

▷ la loi des gaz parfaits : $\rho = \dfrac{PM}{RT}$ avec M la masse volumique, R, la constante des gaz parfaits et T la température.

En utilisant ces deux équations et en intégrant entre la position $z = 0$ où la pression vaut la pression atmosphérique $P = P_{\text{atm}}$ et une position quelconque z à laquelle la pression vaut $P(z)$, on obtient :

$$P(z) = P_{\text{atm}}\, \mathrm{e}^{-\frac{Mg}{RT}z}$$

> *Remarque : cette intégration suppose l'hypothèse de l'atmosphère isotherme valable à l'altitude $z = 0$ ce qui n'est pas tout à fait correct.*

c) Tracé de la pression en fonction de l'altitude

Compétences

▷ Savoir effectuer un tracé de fonction

On peut alors utiliser cette relation afin de tracer l'évolution de la pression en fonction de l'altitude pour différentes valeurs de température.

Pour cela on importe les bibliothèques et on définit les constantes en Python. On choisit de travailler à $T_1 = 10$ °C et $T_2 = 20$ °C, à convertir en kelvin. On définit la pression atmosphérique $P_{\text{atm}} = 1{,}013$ bar :

```python
import numpy as np#pour les arrays
import matplotlib.pyplot as plt#pour le tracé
T1 = 283#K
T2 = 293#K
M = 29E-3#masse molaire de l'air en kg.mol-1
g = 9.81#accélération de la pesanteur en m.s-2
R = 8.314#constante de gaz parfaits en J.mol-1.K-1
Patm = 1.013#pression atmosphérique en bar
```

Puis on crée un array contenant des valeurs d'altitude comprises entre $z = 0$ et $z = 5000$ m. On crée de même les arrays de pression correspondants :

```python
z = np.linspace(0,5000,100)#100 valeurs d'altitude
```

```
P1 = Patm*np.exp(-(g*M)/(R*T1)*z) #P à T1
P2 = Patm*np.exp(-(g*M)/(R*T2)*z) #P à T2
```

Il suffit ensuite de tracer les valeurs de pression en fonction de l'altitude :

```
plt.plot(z,P1,'-',label="T=10C")
plt.plot(z,P2,'--',label="T=20C")
plt.title("Modèle de l'atmosphère isotherme")
plt.xlabel("z (m)")
plt.ylabel("P (bar)")
plt.grid()
plt.legend()
plt.show()
```

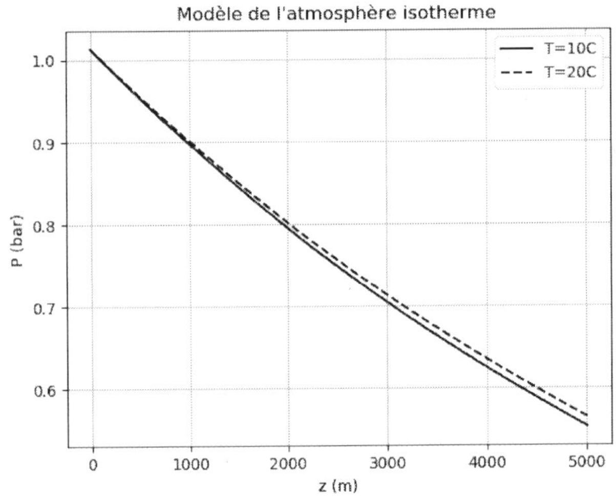

Fig. 04 Évolution de la pression dans le cas de l'atmosphère isotherme

d) Validation du modèle de l'atmosphère isotherme

Compétences

▷ Valider un modèle en fonction de données expérimentales

Dans ce modèle la pression diminue en fonction de l'altitude ce qui correspond bien au ressenti du randonneur ou de l'alpiniste. C'est à dire qu'en altitude on a tendance à moins bien respirer, en effet, la pression de l'air étant plus faible, la pression partielle en dioxygène l'est aussi et moins de dioxygène est disponible pour nos poumons.

Des données relevées par l'*Ifremmont*, institut de formation et de recherche en médecine de montagne indiquent une pression de l'air au sommet du Mont-Blanc (d'altitude environ 4808 m soit proche de 5000 m)

$$P_{MB} = 405\,\text{mmHg} = 0{,}54\,\text{bar}$$

Ceci est assez proche de la valeur relevée sur le graphique en *Fig. 03* malgré l'hypothèse erronée d'atmosphère isotherme. Cela signifie que l'on dispose d'environ moitié moins de dioxygène qu'au bord de la mer...

II.2 Modèle de l'atmosphère adiabatique

Le modèle de l'atmosphère isotherme ne permet cependant pas de vérifier l'information fournie par l'*Ifremmont* : « en altitude, la température diminue environ de 1 °C tous les 150 m, ce qui augmente le risque d'hypothermie et de gelures ».

On va faire appel au modèle de l'atmosphère adiabatique valable dans la troposphère.

> On suppose que l'air est un gaz parfait qui subit une transformation adiabatique réversible dans l'atmosphère.

a) Expressions de la pression et de la température en fonction de l'altitude

On utilise les relations suivantes :

- ▷ l'équation de la statique des fluides : $\mathrm{d}P = -\rho g \mathrm{d}z$ avec P la pression, z l'altitude, g l'accélération de la pesanteur et ρ la masse volumique du fluide considéré.
- ▷ la loi de Laplace valable pour une transformation adiabatique réversible d'un gaz parfait :

  $$P^{1-\gamma}T^{\gamma} = \text{cte}$$

  Avec $\gamma = \dfrac{C_P}{C_v} = 1,4$ et C_P, C_v les capacités thermiques à pression et volume constants pour l'air. cte est une constante.

En utilisant ces équations et en intégrant entre la position $z = 0$ (où la pression vaut la pression atmosphérique $P = P_{\text{atm}}$, la masse volumique vaut $\rho_0 = 1{,}23\,\text{kg}\cdot\text{m}^{-3}$ et $T_0 = 20\,°\text{C}$ par exemple) et une position quelconque z à laquelle la pression vaut $P(z)$, on obtient :

$$P(z) = P_{atm}(1 - \frac{z}{L})^{\frac{\gamma}{\gamma-1}}$$

On pose $L = \dfrac{\gamma P_{\text{atm}}}{(\gamma - 1)\rho_0 g}$ une longueur caractéristique en mètres. On obtient d'autre part :

$$T(z) = T_0(1 - \frac{z}{L})$$

b) Tracé de la pression et de la température en fonction de l'altitude

Compétences

▷ Savoir effectuer un tracé de fonction

De la même manière que pour le modèle précédent, on va utiliser les relations de $P(z)$ et $T(z)$ afin de tracer l'évolution de la pression et de la température en fonction de l'altitude.

Pour cela on importe les bibliothèques et on définit les constantes en Python :

```
import numpy as np#pour les arrays
import matplotlib.pyplot as plt#pour les tracés
M = 29E-3#masse molaire de l'air en kg.mol-1
g = 9.81#accélération de la pesanteur en m.s-2
R = 8.314#constante des gaz parfaits J.K-1.mol-1
rho0 = 1.23#masse volumique de l'air en kg.m-3
T0 = 20+273#température au sol en K
Patm = 1.013E5#pression atmosphérique en Pa
G = 1.4 #gamma
L = G*Patm/((G-1)*rho0*g)#longueur caractéristique : on trouve 29,4km environ
```

Puis on crée un array contenant des valeurs d'altitude comprises entre $z = 0$ et $z = 5000$ m. On crée de même les arrays de pression et température correspondants :

```
z = np.linspace(0,5000,5000)#axe des abscisses, 5000 valeurs d'altitude
P = Patm*(1-z/L)**(G/(G-1))#valeurs de pression en Pa
T = T0*(1-z/L)#valeurs de température en K
```

Il suffit ensuite de tracer l'évolution de la pression en prenant soin de la convertir en bar par lisibilité :

```
plt.title("Evolution de P : modèle de l'atmosphère adiabatique")
plt.plot(z,P/1E5)#en bar
plt.xlabel("z (m)")
plt.ylabel("P (bar)")
plt.grid()
plt.show()
```

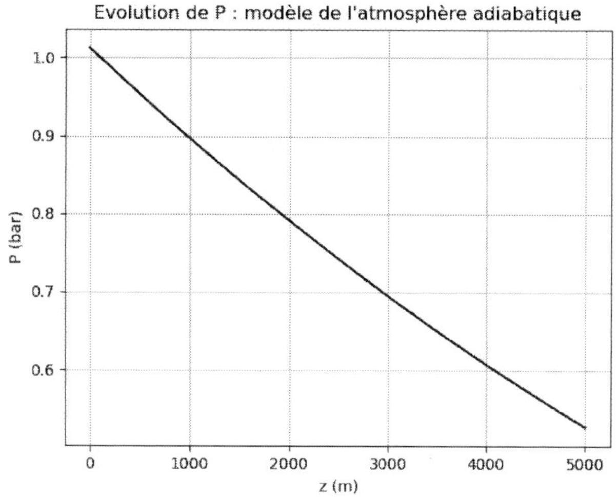

Fig. 05 Évolution de la pression dans le cas de l'atmosphère adiabatique

```
plt.plot(z,T-273)#en degrés Celsius
plt.title("Evolution de T : modèle de l'atmosphère adiabatique")
plt.xlabel("z (m)")
plt.ylabel("T (C)")
plt.grid()
plt.show()
```

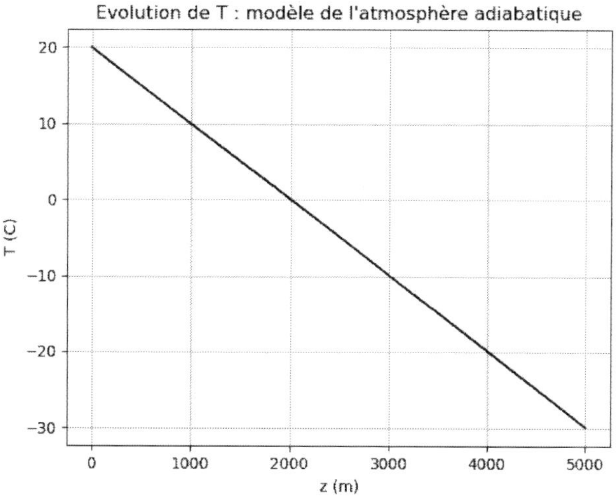

Fig. 06 Évolution de la température dans le cas de l'atmosphère adiabatique

c) Validation du modèle de l'atmosphère adiabatique

Compétences

▷ Valider un modèle en fonction de données expérimentales

On peut calculer le gradient de température pour 100 m et la valeur de la pression pour $z = 4808\,\text{m}$:

```
gradT = 100*(T[-1]-T[0])/(z[-1]-z[0])#calcul du
    gradient de T
print(gradT)#on trouve gradT = -0.99715...
print(P[4809])#pression à z = 4808m, soit P =
    54201.0...Pa
```

Les données relevées par l'*Ifremmont*, indiquaient une pression de l'air au sommet du Mont-Blanc $P_{MB} = 0{,}54\,\text{bar}$, ce qui est tout à fait cohérent avec la valeur trouvée par le modèle adiabatique $P_{MB} = 0{,}542\,\text{bar}$.

On obtient une valeur de `gradT` de l'ordre de $-1\,°\text{C}$ pour 100 m. C'est une grandeur appelée *gradient adiabatique sec*. En revanche, l'*Ifremmont* annonce une perte de 1 °C pour 150 m. Pour se rapprocher de cet ordre de grandeur, il faudrait affiner le modèle de l'atmosphère afin de tenir compte de l'humidité de l'air.

Made in United States
Orlando, FL
05 November 2026

90229894R00098